AF477107

Arnold Dreyblatt

Arnold Dreyblatt

Arnold Dreyblatt

Aus den Archiven // From the Archives

Stadtgalerie Saarbrücken

KEHRER

Bilder für das Gedächtnis

»Da sehe ich mich denn umgeben von Bildern (…).«
Henri Bergson, Materie und Gedächtnis

Die Erinnerung schafft sich Bilder. Es sind jene Bilder, die das Gedenken an Personen oder Ereignisse aus den Tiefen des Gedächtnisses hochspült. Es sind die Bilder, die das Erinnern und das Gedächtnis metaphorisch illustrieren. Und es sind die Bilder, die Inhalte und Funktionsweisen von Gedächtnis und Erinnerung plastisch vor Augen führen. Diese drei Arten von Bildern, auch ihre Unterschiede und Näherungen, sind der Gegenstand der folgenden Betrachtungen.

I. Das Erinnerungsalbum Ein »fotografisches Gedächtnis« ist noch immer eine stehende Redewendung für ein imposantes, detailgetreues Erinnerungsvermögen. Mit dieser Metapher wird natürlich vor allem die Bildhaftigkeit von Erinnerungsinhalten angesprochen. Vor unserem »geistigen Auge« sehen wir Personen, Dinge und Abläufe, auch wenn wir oft von deren Gewichtung überrascht sind: Man kann etwa eine Episode seines Lebens plastisch und detailliert imaginieren – doch die Gesichter der Beteiligten bleiben merkwürdig undeutlich, wie hinter einer Milchglasscheibe verborgen. Denn Erinnerung ist eigentlich nicht fotografisch: »Die Photographie ruft nicht die Vergangenheit ins Gedächtnis zurück (nichts Proustisches ist in einem Photo). Die Wirkung, die sie auf mich ausübt, besteht nicht in der Wiederherstellung des (durch Zeit, durch Entfernung) Aufgehobenen, sondern in der Beglaubigung, dass das, was ich sehe, tatsächlich dagewesen ist«,[1] schreibt Bar-

»There I see myself surrounded by images (…).«
Henri Bergson, Matter and Memory

Images for Memory

Recollection creates images for itself. These are the images that remembrance of persons or events brings up from the depths of memory. These are the images that metaphorically illustrate recollection and memory. And these are the images that plastically present to us the contents and functioning of memory and recollection. These three kinds of images, including their differences and mutual approximations, are the focus of the following considerations.

I. The Album of Recollection A »photographic memory« is still a fixed expression to describe an impressive, detailed power of recollection. Of course, this metaphor addresses, more than anything, the visuality of the content of memory. We see persons, things, and processes pass before our »inner eye«, even if we are often surprised by the distribution of emphasis among them: For example, one can imagine an episode in one's life in great plastic detail – but the faces of those involved remain strangely blurred, as if hidden behind frosted glass. For memory is not really photographic: »Photography does not call the past back into memory (there is nothing Proustian in a photo). The effect it has on me consists, not in the reconstitution of what has been removed (by time, by distance), but in the certification that what I see was actually present,«[1] writes Barthes,

thes, und weiter: »Die Nahrung, welche die Photographie meinem Geist gibt (ohne ihn je damit zu sättigen), ist, durch einen kurzen Impuls (...), das schlichte Geheimnis der Gleichzeitigkeit.«[2] Dies aber ist eine Dimension, die der Erinnerung *per definitionem* fehlt. Das Foto vergegenwärtigt das Vergangene, das Gedächtnis rekonstruiert es. Dabei kann eine Fotografie behilflich sein, doch da sie nur einen einzigen Moment fixiert, wird sie der Komplexität des Erinnerten niemals gerecht. Abgesehen davon bezeichnet die Metapher vom »fotografischen« Gedächtnis auch weniger die Fähigkeit, Erinnerungen bildhaft abzurufen, sondern die »Kunst des Kodierens«[3], das so genannte »Chunking«. Danach wären die Mechanismen, die mit diesem Bild beschrieben werden sollen, weit eher denjenigen vergleichbar, die man als »digital« bezeichnet: die Umwandlung von Wahrgenommenem in Abstrakta, in Zahlenwerte. Natürlich lassen sich mittlerweile auch Bilder digital speichern und (re)generieren. Doch der analoge Charakter der Fotografie enthüllt sich schon metaphorisch (im Sinne von Barthes): Zwischen Vergangenheit und Gegenwart existieren keine Stufen, keine trennenden Schritte, keine »diskreten« Operationen – mit Ausnahme der fotografischen Aufnahme selbst als »Stück« aus dem Zeitkontinuum. Doch selbst der Film, den Henri Bergson 1907 als Metapher für das in Bewegung gesetzte »fotografische Gedächtnis« benutzte[4], verliert den Charakter des Analogen nicht dadurch, dass der »Fluss« des Wahrnehmbaren in Zeiteinheiten zerstückelt wird, die unserer Optik kontinuierliche Bewegung nur vorgaukeln.

continuing: »The nourishment that photography gives my spirit (without ever satisfying it) is, through a short impulse (...) the simple mystery of simultaneity.«[2] But this is a dimension that recollection lacks by definition. The photo brings the past into the present; memory reconstructs it. A photograph can be helpful thereby, but since it captures only a single moment, it can never do justice to the complexity of what is remembered. Aside from that, the metaphor of the »photographic« memory designates less the ability to recall memories in plastic visual form, but rather the »art of encoding«[3], also known as »chunking«. In accordance with this, the mechanisms this image is intended to describe are much more comparable with those we call »digital«: the transformation of what is perceived into abstractions and numerical values. Of course we can meanwhile store and (re)generate images digitally. But the analogue character of photography already reveals itself metaphorically (in Barthes' sense): There are no steps separating past and present, no »discrete« operations – except for the photograph itself as a »piece« taken from the continuum of time. But even the motion picture, which Henri Bergson took in 1907 as a metaphor for the »photographic memory« set in motion[4], does not lose its analogue character simply because the »flow« of what is perceptible is broken down into units of time that merely deceive our optical sense with the illusion of continuous motion.

Die digitale Speicherung (auch von Bildern) scheint der analogen dadurch unterlegen, dass sie das Moment der Stetigkeit vernachlässigt. Genau dadurch aber entspricht sie der Funktionsweise des Gedächtnisses. Denn nicht als fortlaufende, womöglich kausal logische Abfolge von Geschehnissen manifestieren sich unsere Erinnerungen. Vielmehr sind diese auf die vielfältigsten, überraschendsten, gelegentlich verwirrendsten Arten miteinander verknüpft. Von einem »fotografischen« Gedächtnis, das nach den Erkenntnissen der Psychologie nur zum Teil ein wirklich bildhaftes ist[5], wäre folglich eigentlich eher im Vergleich mit einem Fotoalbum zu sprechen. Einmal abgesehen von dem wiederum mehr metaphorischer als faktischen Bezug, dass zur Benutzung eines Albums der Einsatz der Finger (lat.: digiti) – zum Blättern, zum Hindeuten – notwendig ist, erscheint das Album als geradezu klassische Ansammlung von »Links« und »Hyperlinks«. Die Bilder in einem Fotoalbum sind durch das Auftauchen der selben Personen in unterschiedlichen Lebensaltern und Situationen gekennzeichnet, das heißt: von jedem einzelnen Foto gibt es Verbindungen zu zahlreichen anderen, übrigens auch zu solchen in den Alben anderer Leute. Wenn denn ein bildhaftes Gedächtnis existiert, dann stellt es unentwegt Verknüpfungen zwischen den Bildern her; und nicht nur das: Versuche ich, mir in der Erinnerung etwa von meinem Vater »ein Bild zu machen«, so wird das Ergebnis dem ähneln, was Francis Galton 1879 »compound photography« nannte.[6] Anders aber als in Galtons Versuch (der durch und durch dem Zeitgeist entsprach), mit statistischen Methoden eine physiognomi-

Digital storage (including of images) seems inferior to analogue storage in that it neglects the aspect of constancy. But that is precisely how it corresponds to the way memory functions. For our recollections do not manifest themselves as a continuous, possibly causally logical sequence of events. Rather, they are interconnected in the most diverse, surprising, and occasionally confusing ways. So a »photographic« memory, which psychology has found to be only partially really visual[5], should rather be seen as comparable to a photo album. Aside from the, again, more metaphorical than factual aspect that the fingers (lat.: digiti) must be employed – to leaf, to point – if we are to use an album, the album appears to be a classic collection of links and hyperlinks. The pictures in a photo album are characterized by the appearance of the same persons at different ages and in different situations; i.e., each individual photo is connected to many others, including, incidentally, those in other people's albums. If there is a visual memory, then it constantly creates connections among the images, and not only that: If I attempt to »get a picture« of my father in memory, the result will resemble what Francis Gallatin called »compound photography« in 1879.[6] But unlike in Galton's experiment (which thoroughly fit the spirit of its time) of using statistical methods to create a physiognomic typology of criminals, the image of my father in memory will present itself only partially as an »average face«; rather, physiognomic traits will mix, alternate, and superimpose

sche Typologie von Straftätern zu erstellen, wird sich das Bild meines Vaters in der Erinnerung nur zum Teil als »Durchschnittsgesicht« darstellen; vielmehr werden sich physiognomische Merkmale mit der Imaginierung von Mimik und Gestik, aber auch mit situativen Fragmenten vermischen, abwechseln und überlagern. Jeder kennt auch das typische Befremden beim Durchblättern eines Fotoalbums (vor allem bei Betrachtung des eigenen Konterfeis), das in der Feststellung kulminiert, man erkenne sich selbst und andere kaum wieder: »Das soll ich (bzw. mein Vater, meine Mutter, meine Schwester, mein Freund, meine Frau) sein?« Was darauf hindeutet, dass die bildhafte Erinnerung ein *mixtum compositum* aus idealtypischer Vorstellung und situationsbedingten »Schnappschüssen« ist. Irgendwann auch, in gehöriger zeitlicher Distanz, dann nämlich spätestens, wenn die Bilder eines Albums nicht mehr mit persönlicher Erinnerung verbunden werden können, wird aus Gedächtnis Geschichte, werden die Fotos selbst der eigenen Vorfahren historische Dokumente. Und das heißt: Sie gewinnen eine ganz andere, »super-biografische« Dimension. Arnold Dreyblatt hat dies in seinem Buch *Who's Who in Central & East Europe 1933. Eine Reise in den Text* von 1995 gezeigt: Die Fotos in diesem Buch haben mit den biografischen Einträgen aus dem *Who's Who* nichts zu tun, sondern entstammen Dreyblatts Fotoarchiv. Aber das Bild des Tanzensembles, das die Rubrik »Tanz« illustriert und Dreyblatts

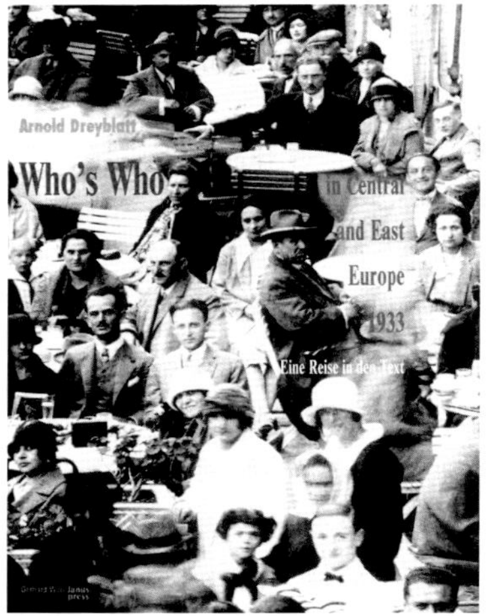

Who's Who in Central & East Europe 1933, Eine Reise in den Text, Berlin 1995, Buchumschlag / Cover

themselves with my imagining of his facial expressions, gestures, and situational fragments. Everyone is familiar with the typical feeling of bewilderment when leafing through a photo album (especially when viewing one's own likeness) that culminates in noting that one can hardly recognize oneself and others: »That's supposed to be me (or my father, my mother, my sister, my friend, my wife)?« Which indicates that plastically visual memory is a *mixtum compositum* of ideal-typical and situation-dependent »snapshots«. And at some point, with adequate temporal distance – namely no later than when the pictures in an album can no longer be tied to personal recollection – memory turns into history; and photos, even of one's own ancestors, become historical documents. And that means: They take on a very different, »super-biographical« dimension. Arnold Dreyblatt showed this in his book of 1995, *Who's Who in Central & East Europe 1933. Eine Reise in den Text*. The photos in this book have nothing to do with the biographical entries in this *Who's Who*, but come from Dreyblatt's own photo archive. But

eigene Verwandte aus der Zeit der Wende vom 19. zum 20. Jahrhundert zeigt, verliert den familiengeschichtlichen Konnex mit der biologischen Verminderung derjenigen, die noch aus eigener Anschauung mitteilen können: »Das sind Onkel X und Tante Y.« Das Album verändert sich von der persönlichen Erinnerungsstütze zur Hilfe bei einer allgemeinen bildlichen Rekonstruktion dessen, »was damals war«. Aus dem »Typ« der persönlichen Erinnerung wird der »Archetyp« des kollektiven Gedächtnisses destilliert.

II. Die Metaphernmaschine[7] Seit je, vielleicht seit sich Menschen Gedanken über das Phänomen »Gedächtnis« gemacht haben (was zumindest seit den Vorsokratikern belegt ist), sind bildhafte Vergleiche für die Sache selbst sowie für ihre Funktionsweisen gesucht und gefunden worden. 1995 veröffentlichte der niederländische Psychologiehistoriker Douwe Draaisma das Buch *De Metaforenmachine*[8], in dem er die Geschichte der Metaphern nachzeichnet, die vom Siegelabdruck im Wachs bis zum Hologramm reichen. Das Album etwa wäre eine solche Metapher, die als Illustration gemeint ist, doch eigentlich einen »Filter vor unsere Wahrnehmung des Erinnerungsvermögens« setzt.[9] All die Bilder, mit denen im Laufe der Zeit das Gedächtnis beschrieben wurde, Platos Vogelvolière oder Carus' Labyrinth, kranken an einem Zirkelschluss, einer *petitio principii* – sie implizieren einer Betrachter innerhalb ihres jeweils eigenen Systems, einen »Homonkulus«.[10] Wer »betrachtet« das Hologramm, wer »betritt« das Labyrinth, wer »liest« die Inschrift? Arnold Dreyblatt hat dieses Problem einer unendlichen Regression, Folge dieses *circulus*

the picture of the dance ensemble, which illustrates the category »Dance« and shows Dreyblatt's own relatives from the turn of the 19th to the 20th century, loses its family-history nexus with the biological disappearance of those who can still report from their own memory: »These are Uncle X and Aunt Y.« The album metamorphizes from a personal memory-support to aid in a general visual reconstruction of »what was back then«. The »type« of personal memory is distilled into the »archetype« of collective memory.

II. The Metaphor Machine[7] For ages, and perhaps since people first began thinking about the phenomenon of »memory« (which can be documented at least as far back as the pre-Socratic philosophers), plastic similes for memory itself and for the way it functions have been sought and found. In 1995, the Dutch historian of psychology Douwe Draaisma published the book *De Metaforenmachine*[8], in which he traced the history of metaphors, which range from the imprints of seals in wax to modern holograms. The album, for example, can be such a metaphor intended as an illustration but actually placing itself as a »filter in front of our perception of the power of memory«.[9] All the images that have inscribed memory in the course of time, Plato's birdcage or Carus' labyrinth, suffer from circular reasoning, a *petitio principii* – they imply an observer within their respective systems, a »homunculus«.[10] Who »observes« the hologram, who »enters« the labyrinth, who »reads« the inscription? Arnold Dreyblatt has thematized this problem of

vitiosus, zum Thema gemacht, hat gewissermaßen eine Flucht nach vorn angetreten, und das gleich in zweifacher Hinsicht. Die Verdinglichung der Metapher stellt den ersten Schritt dar: Freuds *Wunderblock* [11] wird ebenso simuliert wie die populäre Metapher vom Gedächtnis als einem tiefen Brunnen[12]. Das Bild vom Archiv bildet so etwas wie den »Generalbass« oder auch das Leitmotiv von Dreyblatts Auseinandersetzung mit der Erinnerung. Doch ist das Archiv nicht allein Metapher in seiner Arbeit, sondern sehr konkret anwesend. Lediglich als Vergleich genutzt, hätten die spezifischen Inhalte eines Archivs keine Bedeutung. Dreyblatt aber fährt zweigleisig, vielleicht notgedrungen: Die Metapher kann nicht zum konkreten Gegenstand mutieren, ohne konkretes Datenmaterial vorzuführen. Freud spricht in seinem Aufsatz *Der Wunderblock* nur von einer Form; in Arnold Dreyblatts gleichnamiger Installation geraten Fragmente aus diesem Essay zum Inhalt, zu eben jenem inskribierten und wieder getilgten Text, den Freud als den nicht weiter benannten Gedächtnisinhalt seiner Metapher voraussetzt. Bei *Recovery Rotation* [13] fällt die visualisierte Metapher des »flashbulb memory« in eins mit Äußerungen von Psychologen, die eben dieses Phänomen beschreiben. Der »Brunnen« des *Großen Archivs* ist angefüllt mit biografischen Skizzen aus dem erwähnten *Who's Who (...)*. Genau diese Daten erscheinen »semi-holographisch« in *The ReCollection Mechanism* [14]. Den Moment, in dem narrativ vermittelte individuelle Erinnerung in aufgezeichnetes kollektives Gedächtnis umschlägt, kehrt Dreyblatt in den *Reading Projects* um: Etliche Leser aktualisieren mit ihren

the endless regression resulting from this *circulus vitiosus*; in a sense, he has begun a flight to the front, and that in two ways. The concretization of the metaphor is the first step: Freud's *Wunderblock* [11] is simulated, as is the popular metaphor of memory as a deep well[12]. The image of the archive is something like the »basso continuo« or leitmotif of Dreyblatt's elaborations on memory. But the archive is not only a metaphor in his work; it is also very concretely present. Used solely as a comparison, the specific contents of an archive would have no significance. But Dreyblatt's approach is a double one, possibly necessarily so: The metaphors cannot mutate into a concrete object without presenting concrete data material. In his essay *Der Wunderblock*, Freud speaks only of a form; in Dreyblatt's eponymous installation, fragments of this essay become the content, the inscribed and erased text that Freud's metaphor takes as the unnamed content of memory. In *Recovery Rotation* [13], the visualized metaphor of »flashbulb memory« is congruent with the statements from psychologists who describe precisely this phenomenon. The »Brunnen« (»well«) of *Das große Archiv* (*The Great Archive*) is filled with biographical sketches from the aforementioned *Who's Who (...)*. Precisely these data appear »semi-holographically« in *The ReCollection Mechanism* [14]. In his *Reading Projects*, Dreyblatt inverts the point where narratively-conveyed individual memory turns into notated collective memory: With their voices, diverse readers actualize personalized texts that do not really have

Stimmen Dokumente, verpersönlichen Texte, die eigentlich nichts mit ihnen zu tun haben; aus Geschichten »zweiter Hand« werden durch das Vorlesen plötzlich wieder Erinnerungen. Und aus Draaismas »Homunkulus« werden Menschen aus Fleisch und Blut, die lesen und hören.

Sofern man Dreyblatts Installationen als verdinglichte Metaphern auffasst, ist jedenfalls der Zirkel durchbrochen: Die Arbeiten fordern einen Betrachter, der sich mit Form
und Inhalt auseinandersetzt. Dieser Betrachter aber ist nicht lediglich gedacht, ist nicht
nur die Komplettierung eines metaphorischen Konstrukts, sondern leibhaftiger Part in
dem System »Form – Inhalt – Rezeptor«. Diese »Ingredienzien« vereinen sich traditionell
zum Bild, und selten findet man diese Allianz – ihre Elemente sowie deren Verbindung,

die mehr ist als ihre Summe – so klar dar-
gestellt wie in Dreyblatts Arbeiten. Die
verwendeten »Maschinen« – Rechner, Monitore, Beamer, dazugezählt auch solche
Mittel wie Projektionsscheiben, Leuchtti-
sche, Schriftfolien, Drahtgitter – sind Ob-
jekte und Metaphern zugleich.

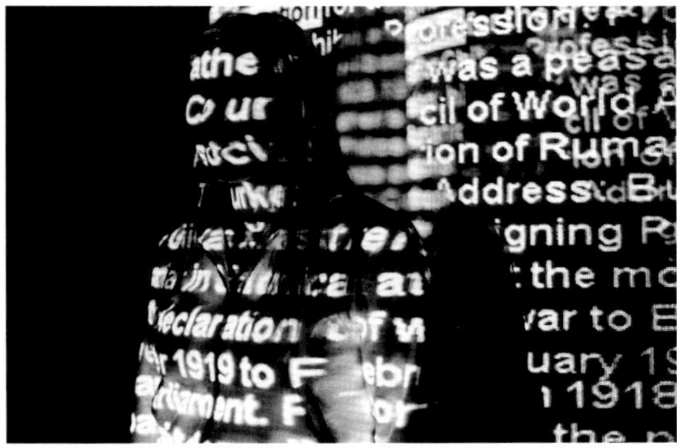

The ReCollection Mechanism, 1998
Stadtgalerie Saarbrücken, 2003

anything to do with them; »second-hand« stories are suddenly memory again by being
read aloud. And Draaisma's »homunculus« turns into flesh-and-blood people who can
read and hear.

If we regard Dreyblatt's installations as metaphors turned into things, the circle is in-
terrupted: The works demand a viewer willing to deal with form and content. But this
viewer is not merely conceived, not merely the completion of a metaphorical construct;
rather, he is a living part of the system »form – content – receptor«. These »ingredients«
traditionally unite in an image, and one rarely finds this alliance – its elements and their
connection, which is more than their sum – as clearly presented as they are in Dreyblatt's
works. The »machines« employed – computers, beamers, monitors, also such utensils as
projection screens, light tables, script on clear plastic sheeting, and wire screening – are
objects and metaphors at the same time.

III. The Gallery of Memory One of the oldest and, throughout history, most frequently
recommended and employed mnemotechnical methods is the »storage« of information in
imagined or (once again, remembered) real places – the visual mnemonics of imagina-
tion.[15] One thereby stores what is to be recalled in imagined rooms and walks through
these in one's mind, as needed. Arnold Dreyblatt set up his exhibition in Saarbrücken in
accordance with this pattern. The installations are distributed among six rooms, and the

III. Die Gedächtnisgalerie Eine der ältesten und quer durch die Geschichte immer wieder empfohlenen und genutzten mnemotechnischen Methoden ist die »Einlagerung« von Informationen an imaginierten oder (wiederum erinnerten) realen Orten – die visuelle Vorstellungsmnemonik.[15] Dabei speichert man das zu Erinnernde in vorgestellten Räumen und schreitet diese bei Bedarf gedanklich ab. Arnold Dreyblatt hat seine Saarbrücker Ausstellung nach diesem Muster eingerichtet. Auf sechs Räume sind die Installationen verteilt, und der Besucher durchwandert einen nach dem anderen. In jedem Raum findet er eine oder mehrere Installationen, die ihn einerseits mit Datenmaterial konfrontieren, andererseits die Funktionsweisen der Erinnerung als objektive Metaphern vorführen.

Ein Museum, und sei es auch eines für aktuelle Kunst, ist *per se* immer schon ein Erinnerungsort. Dreyblatts Ausstellung potenziert gewissermaßen diese Funktion. Just die Tatsache, dass die Räume der Stadtgalerie keine »white cubes« sind, sondern eine Abfolge von eigenwilligen, ausstellungstechnisch zum Teil schwierigen Zimmern, deren Besonderheiten den regelmäßigen Besuchern vertraut sind, verstärkt die Anmutung der erwähnten Vorstellungsmnemonik. Es entsteht eine »Galerie des Gedächtnisses«, und der Betrachter wird zum (beseelten) »Homunkulus«, der die Funktionen und die Inhalte der Erinnerung rezipiert. So hat die Ausstellung auch einen didaktischen Charakter, doch die

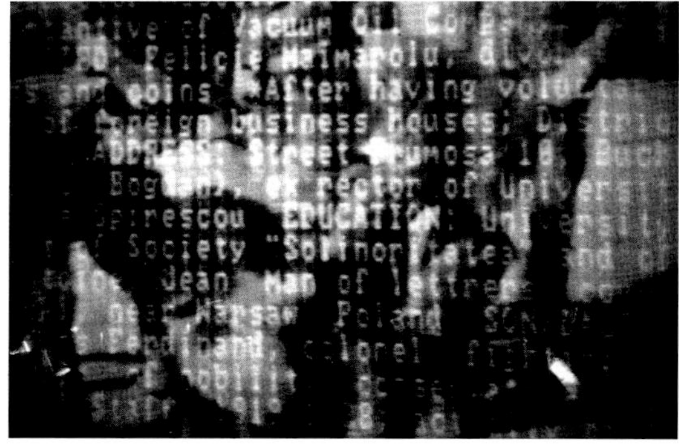

Who's Who in Central & East Europe 1933
Projektion / Projection

visitor wanders through them, one after the other. In each room he finds one or more installations that, on the one hand, confront him with information and, on the other hand, demonstrate, in objectified metaphors, the way memory functions.

A museum, even one for contemporary art, is *per se* always a site of memory. In a manner of speaking, Dreyblatt's exhibition potentiates this function. Precisely the fact that the rooms of the Stadtgalerie are not »white cubes«, but a sequence of very individual rooms, in part technically difficult to use for exhibitions, and whose specificities are familiar to regular visitors, increases the impression of the aforementioned mnemonic technique of imagining. What results is a »gallery of memory«, and the viewer becomes the (animated and conscious) »homunculus« who is the receptor of the functions and contents of memory. Thus, the exhibition also has a didactic character, but the installations unfold such suggestive visual power that one never feels boringly lectured. In a very simple sense, Dreyblatt invents beautiful images, regardless of whether the underlying data convey positive or negative information. Memory itself is here shown to be a de-

Installationen entwickeln eine so suggestive Bildkraft, dass sich zu keinem Moment lehrbuchhafte Ödnis einstellt. Dreyblatt erfindet in einem ganz schlichten Sinn schöne Bilder, unabhängig davon, ob die zugrunde liegenden Daten eher positive oder negative Informationen übermitteln. Das Gedächtnis selbst wird hier gezeigt als ein entscheidendes Konstituens der menschlichen Existenz. Gewiss: Erinnerungen – gute wie schlechte – mag man als eine Last auffassen, die der Mensch erst tragen muss, seit er den Schritt vom Tier zum denkenden Wesen vollzog. Dieser Moment brachte auch die Vertreibung aus dem Garten Eden. Andererseits jedoch: Vielleicht sind wir nicht mehr im Paradies, weil Adam und Eva ein Gebot missachteten, sondern weil sie es vergessen hatten.

1 Roland Barthes, *Die helle Kammer. Bemerkung zur Photographie*, Frankfurt am Main 1989, S. 92

2 Ebenda, S. 93

3 Daniel L. Schacter, *Wir sind Erinnerung. Gedächtnis und Persönlichkeit*,
   Reinbek bei Hamburg 1999, S. 75

4 Henri Bergson, *L'Evolution créatrice*, Paris 1907

5 Vgl. A. Baddeley, *Working memory*, Oxford 1986. Von den drei Subsystemen des Arbeitsgedächtnisses,
   die der Autor unterscheidet, enthält nur der »visuell-räumliche Skizzenblock« wirklich bildhafte
   Erinnerungen.

cisive constitutor of human existence. Certainly, memories – good or bad – can be grasped as a burden that humankind first had to bear when it completed the step from animal to thinking being. This moment also led to our expulsion from the Garden of Eden. But on the other hand: Maybe the reason we lost Paradise is not that Adam and Eve violated a law, but that they had forgotten it.

Translation: Mitch Cohen

1 Roland Barthes, *Die helle Kammer. Bemerkung zur Photographie*, Frankfurt am Main 1989, p. 92

2 Ibid. p. 93

3 Daniel L. Schacter, *Wir sind Erinnerung. Gedächtnis und Persönlichkeit*,
   Reinbek bei Hamburg 1999, p. 75

4 Henri Bergson, *L'Evolution créatrice*, Paris 1907

5 Cf. A. Baddeley, *Working memory*, Oxford 1986. Of the three subsystems of the working memory
   distinguished by the author, only the »visual-spatial sketchbook« contains truly visual recollections.

6 Francis Galton, *On generic images*, in: *Proceedings of the Royal Institution*, 9 (Apr. 25, 1879),
   p. 161–170

6   Francis Galton, *On generic images,* in: *Proceedings of the Royal Institution,* 9 (25.4.1879),
    S. 161–170

7   Der Begriff ist dem Titel eines Buches entlehnt: Douwe Draaisma, *Die Metaphernmaschine.*
    Eine Geschichte des Gedächtnisses, Darmstadt 1999

8   Vgl. Anm. 7

9   Draaisma, a.a.O., S. 233

10 Ebenda, S. 213 ff.

11 Vgl. S. 36–39

12 Vgl. S. 48 f.

13 Vgl. S. 34 f.

14 Vgl. S. 44–47

15 Schacter, a.a.O., S. 81 ff.

7   The term is taken from the title of a book: Douwe Draaisma, *Die Metaphernmaschine.*
    Eine Geschichte des Gedächtnisses, Darmstadt 1999

8   Cf. fn. 7

9   Draaisma, ibid., p. 233

10 Ibid., p. 213–215

11 Cf. p. 36–39

12 Cf. p. 48–49

13 Cf. p. 34–35

14 Cf. p. 44–47

15 Schacter, ibid., p. 81–83

Katastrophe, Gedächtnis, Archiv. Arnold Dreyblatts medien- und archivgestützte Arbeit an der kulturellen Erinnerung

»Dieses Register wird dann wohl ein großer Hort der Erinnerung sein und ein einzigartiger Beweis für die Auferstehung.«

Danilo Kis, Enzyklopädie der Toten [1]

Die auf die römische Antike zurückgehende Gedächtniskunst setzt ein mit einem Unglücksfall. Als während einer Feier das Dach der Festhalle einstürzte und die Gäste unter sich begrub, entging nur der Dichter Simonides dem sicheren Tod.[2] Weil er sich der Sitzordnung *vor* dem Einsturz entsann, konnte er jedoch später die verstümmelten Leichen identifizieren.

Schenkt man der Simonides-Legende Glauben, dann geht die Mnemotechnik also auf einen Künstler zurück. Als Kunst darf sie aber auch deshalb gelten, weil sie sich fortan das Gedächtnis als eine künstliche Raumflucht vorstellte, in der die Gegenstände und Bilder platziert werden, um sie sich bei Bedarf, durch das Abwandern dieser imaginären Zimmer, zu vergegenwärtigen. Was von der antiken Rhetorik, deren elementarer Bestandteil die Mnemotechnik war, über das Gedächtnistheater eines Giulio Camillo im 16. Jahrhundert bis in die Speicherarchitekturen der Gegenwart gilt, ist die Verschränkung, ja das »Zusammendenken« von Gedächtnis und Raum (zu dem man in gewisser Weise auch die Bilder mit ihrem Illusionismus des Raumes zählen muss).

»When the time comes, this compendium will serve as a great treasury of memories and a unique proof of resurrection.«

Danilo Kis, Encyclopedia of the Dead [1]

Catastrophe, Memory, Archive. Arnold Dreyblatt's Media- and Archive-Supported Work in Cultural Remembrance

The art of memory, which traces back to Roman antiquity, begins with an unfortunate accident. During a celebration, the banquet hall collapsed, burying the guests beneath it. Only the poet Simonides escaped death[2]. Because he recalled where everyone sat *before* the collapse, he was later able to identify the maimed corpses.

If we believe the Simonides legend, then mnemonic technique goes back to an artist. But this technique can also be regarded as an art because it thereafter imagined memory as an artificial series of rooms in which objects and images are placed for recollection by wandering through these imaginary rooms, in accordance with later need. What is equally true from the ancient study of rhetoric, whose elementary component was mnemonic technique, through the theater of memory of a Giulio Camillo in the 16th century, to the warehouse architecture of today is the interlocking, the »thinking together« of memory and space (which one must see as also including, in a certain way, pictures with their spatial illusionism).

Was freilich bei dieser Legendenbildung gerne vernachlässigt wird, ist die enge, ja auf seltsame Weise fast komplementär zu nennende Verbindung zwischen Gedächtnis und Katastrophe. Schon sehr früh scheint das kollektive Erinnern als eine besondere Kulturtechnik nah verwandt mit dem Bewusstsein des Überlebens und der Überlebenden – ein Umstand, der für das Gedenken im 20. Jahrhundert, gerade vor dem Hintergrund *seiner* Katastrophen, von zentraler Bedeutung ist. Dies umso mehr, als in der Regel die Katastrophe und ihr schockhaftes Auftreten eher mit dem Vergessen, dem Gedächtnisverlust, der Amnesie, gar der Verdrängung zusammengebracht wird.

In der neueren Gedächtnisforschung wird daher zwischen Geschichte und Gedächtnis streng unterschieden, ja diese Unterscheidung ist »zu einer Leitdifferenz geworden«.[3] Nach Maurice Halbwachs existiert Geschichte nur im Singular, das (kollektive) Gedächtnis dagegen im Grunde nur im Plural, wobei die Aufgabe des kollektiven Gedächtnisses in der Sicherung der Identität und der Kontinuität einer Gruppe bestehe. Eine solche Funktion hat die Geschichte nicht. Sie reagiert auf Veränderungen, welche wiederum vom kollektiven Gedächtnis einer Gruppe weitgehend ausgeblendet werden. Dessen ursprünglichen Impuls beschreibt die Literaturwissenschaftlerin und Gedächtnisforscherin Aleida Assmann folgendermaßen: »Das kulturelle Gedächtnis hat seinen anthropologischen Kern im Totengedächtnis. Damit ist die Verpflichtung der Angehörigen gemeint, die Namen ihrer Toten im Gedächtnis zu behalten und gegebenenfalls der Nachwelt zu überliefern.«[4]

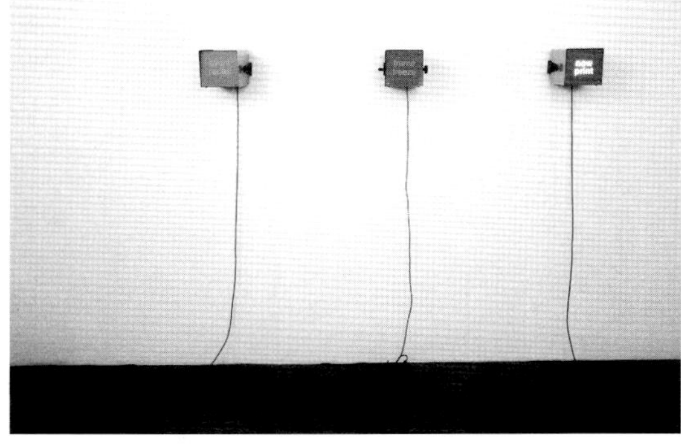

Flashbulb Memory, 2002
Galerie Anselm Dreher, Berlin

Of course, what is usually neglected in this artificial legend is the close and, in a strange way, almost complementary connection between memory and catastrophe. Quite early, collective memory, as a specific cultural technique, appears closely akin to the consciousness of survival and of the survivors – a fact of crucial significance for remembrance in the 20th century, especially against the background of *its* catastrophes. This all the more since catastrophes and their shocking appearance are usually thought to be tied to forgetting, the loss of memory, amnesia, and even repression of memory.

Recent research on memory thus strictly distinguishes between history and memory; this distinction has »become a primary difference«.[3] According to Maurice Halbwachs, history exists only in the singular, but in contrast, (collective) memory basically exists only in the plural, whereby the role of collective memory is to secure the identity and the

Erst wenn die Toten bestattet sind, schließen auch deren Geschichten. Einst wurden sie memoriert und von Generation zu Generation weitergegeben, später aufgeschrieben, vielleicht als Privatangelegenheiten behandelt und im Familienalbum, zusammen mit Bildern, verwahrt. Oder sie wurden, falls dies im öffentlichen Interesse war, publiziert, als Dokumente behandelt, eventuell »zu den Akten gelegt«. Mit der Verbreitung der alphabetischen Schrift und vor allem mit dem Buchdruck taten sich neue Räume auf, in denen das Erinnern an die Toten Platz fand, papierene Räume der Wissensspeicherung, externalisierte Gedächtnisse wie das Lexikon, die Enzyklopädie, die Bibliothek, das Archiv.

Das Archiv, vom griechischen »archeion« abgeleitet, war zunächst ein Haus, ein Wohnsitz, eine Adresse.[5] Damit stellt es, als räumliche Systematisierung (und Spezialisierung) der Erinnerung, also als eine privilegierte Topologie des Bewahrens, das externalisierte Gedächtnis par excellence dar. »Kein Archiv ohne einen Ort der Konsignation [gemeint ist ein systematisches »Versammeln der Zeichen«; T. F.-S.], ohne eine Technik der Wiederholung und ohne eine gewisse Äußerlichkeit. Kein Archiv ohne Draußen«, hebt der französische Philosoph Jacques Derrida in seiner Auseinandersetzung mit dem Archiv hervor.[6]

Dieses prekäre Verhältnis zwischen Gedächtnis und Archiv, also zwischen inneren (menschlichen) und äußeren (institutionalisierten) Erinnerungsweisen bildet, so scheint es mir, einen zentralen Aspekt und das eigentliche Spannungsfeld der Arbeit des amerika-

continuity of a group. History has no such function. It responds to changes that are, in turn, mostly excluded from a group's collective memory. The philologist and memory researcher Aleida Assmann describes the original impetus of collective memory as follows: »Cultural memory has its anthropological core in remembering the dead. By this I mean the kin's duty to retain the names of their dead in memory and sometimes to pass them on to posterity.«[4]

Only with burial did the histories of the dead come to a conclusion. In the past, they were memorized and passed on from generation to generation. Later they were written down, perhaps treated as private matters, and stored together with pictures in family albums. Or, if this was in the public interest, they were publicized, treated as documents, and sometimes »filed away«. With the spread of alphabetic script and especially of movable type, new spaces opened up in which remembering the dead found a place: paper spaces of knowledge storage, externalized memories like the lexicon, the encyclopedia, the library, and the archive.

The archive, which derives from the Greek »archeion«, was initially a house, a home, an address.[5] As such, as a spatial systematization (and specialization) of memory, i.e., as a privileged topology of preservation, it was the externalized memory par excellence.

nischen Künstlers Arnold Dreyblatt: »Just as our collective memories have become externalized by society, so has our individual memory become internalized as we become preoccupied with problems of personal identity. It is as if we have lost the mediators between the external and internal.«[7]

In der Auseinandersetzung mit diesem Verlust speist sich dieses ebenso konzentrierte wie komplexe Werk weitgehend »aus den Archiven« selbst, indem es das Archiv – und seine Medien – auf unterschiedlichen Ebenen thematisiert: als adressierbaren Ort wie als Quelle von Informationen, als begehbaren Raum wie als Organisationsstruktur. Das beginnt, im Grunde ganz banal, mit dessen Inhalt, also mit Texten und Dokumenten.

»Meine Arbeit hat sich aus einigen gefundenen historischen Texten heraus entwickelt, sie berührt dabei sowohl Fragen nach Erinnerung und Gemeinschaft als auch nach Biographie oder ›Mikro‹-Geschichte. Während ich aus diesen Originaltexten einen Hypertext de- und rekonstruiert habe, sind meine Interessen gewachsen, so dass sie auch den Bereich ›Archivierung und Lagerung‹ selbst mit einschlossen, der, besonders in Europa, die aktuelle Beschäftigung mit dem Thema Erinnerung widerspiegelt: was wir vergessen wollen, was wir erinnern wollen und das Wie, Warum und Wo der Aufbewahrung und des Erinnerns.«[8]

Es war das Verdienst französischer Historiker um die Zeitschrift *Annales*, die Geschichtsschreibung für die Alltagskultur und für die Biografien der kleinen Leute, also für

»There is no archive without a place of consignation, without a technique of repetition, and without a certain, exteriority. No archive without outside,« underscored the French philosopher Jacques Derrida in his work on the archive.[6]

It seems to me that this precarious relationship between memory and archive, i. e., between internal (human) and external (institutionalized) ways of remembering, is a central aspect and the real field of tension in the work of the American artist Arnold Dreyblatt: »Just as our collective memories have become externalized by society, so has our individual memory become internalized as we become preoccupied with problems of personal identity. It is as if we have lost the mediators between the external and internal.«[7]

In exploring this loss, this equally concentrated and complex work is nourished to a great degree »from the archives« themselves, in that it thematizes the archive – and its media – in various ways: as an addressable site and as a source of information, as a traversable space and as a structure of organization. This begins – actually rather banally – with its content: texts and documents.

»My work developed out of some found historical texts. It thereby touches upon questions of memory and community as well as of biography or ›micro‹-history. While I de- and reconstructed a hypertext out of these original texts, my interests expanded, so that they also included the area of ›archiving and storage‹ itself, which, especially in Europe,

jene »Mikrogeschichte« geöffnet zu haben; ein anderer Franzose, Michel Foucault, interessierte sich später insbesondere für die Praktiken und Regeln der Archive. Ihre Überlegungen bilden den theoretischen Hintergrund für beinahe alle Diskussionen um den Gedächtnisbegriff in der zweiten Hälfte des 20. Jahrhunderts. Weder die »Annales«-Schule noch Foucault rechneten jedoch mit der Rolle, welche die technischen und insbesondere die digitalen Medien bei der Speicherung und Prozessierung von Daten spielen würden.[9]

Das Buch, vor dem Dreyblatt zunächst spricht und das er per Zufall 1985 in einem Istanbuler Antiquariat fand, wurde seither zu einem Dreh- und Angelpunkt seines künstlerischen Werks. Es handelte sich um ein biografisches Lexikon mit dem Titel *Who's who in Central & East Europe*[10]. Beeinflusst von der Cut-Up-Technik William Burroughs', hat Dreyblatt das Material – mit anderen Worten die einzelnen Biografien des Lexikons – auf verschiedene Weise be- und verarbeitet: manuell (und visuell) zu Textfragmenten und Einzeldokumenten, kompositorisch zu einer Art Libretto, elektronisch zu einem Hypertext. Diese Vorgehensweise erlaubt nicht nur die Reaktualisierung der Textfragmente in unterschiedlichen performativen Kontexten (oder künstlerischen Inszenierungsweisen), sondern auch verschiedene Mechanismen der Verknüpfung sowie stets sich ändernde oder neu einzuschlagende Wege.[11]

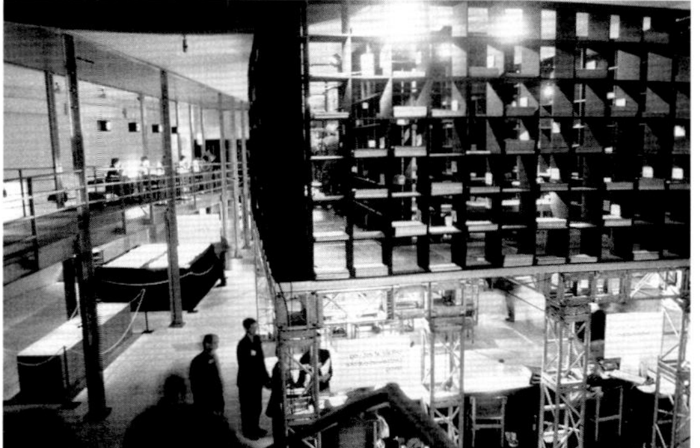

Memory Arena, 1995, Arken Museum of Modern Art, Ishøj, Archiv / Archive

mirrors the current interest in the topic of memory: what we want to forget, what we want to remember, and the how, why, and where of storage and of remembering.«[8]

It was the merit of French historians associated with the magazine *Annales* to have opened up history writing to everyday culture and the biographies of ordinary people, i.e., for what is called »microhistory«; another Frenchman, Michel Foucault, later took particular interest in the practices and rules of archives. These authors' considerations provide the theoretical background for almost all discussions of the concept of memory in the second half of the 20th century. But neither the »Annales« school nor Foucault foresaw the role that the technical and especially digital media would play in storing and processing data.[9]

The book Dreyblatt initially speaks about and that he found by coincidence in a used bookstore in Istanbul in 1985 has since become the fulcrum of his artistic œuvre. It is a biographical lexicon titled *Who's Who in Central & East Europe*[10]. Influenced by William Burroughs' cut-up technique, Dreyblatt worked on and with the material – in other words, with the individual biographies found in the lexicon: turning it manually (and visually)

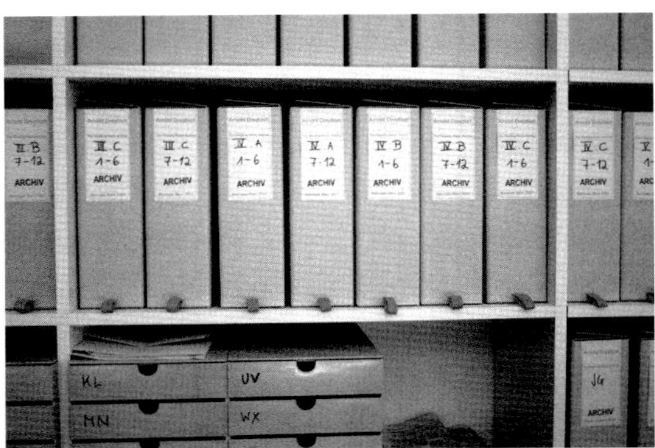

Arnold Dreyblatts Installationen sind nur scheinbar menschenleer. Zwar taucht in den technischen und medialen Arrangements wie in den illuminierten Textbildern die menschliche Figur nicht auf, zumindest nicht als Abbild. Gleich-

The Reading Room, 2001
Biennale Bern, Archiv / Archive

wohl deutet vieles auf die Anwesenheit von Menschen hin: Namen, Geburts- und Todesdaten, Lebensläufe mit Berufswechseln, Wohnsitzänderungen, Schicksalsschlägen. Paradox der Erinnerung: Es ist die Anwesenheit von Abwesenden.

Aber noch auf eine andere Weise kommen Menschen vor. Als Betrachter und vor allem als Leser wird ihnen sogar ein zentraler Platz eingeräumt: manchmal aktiv, als Teil einer kollektiven (Lese-) Performance, manchmal eher passiv, wie im Falle des *Wunderblocks,* als stummer Zeuge eines scheinbar von selbst ablaufenden Textprozesses auf einem Computerbildschirm. Dreyblatts Arbeiten wären ohne den Zuschauer nicht existent. Was dabei unmittelbar ins Auge fällt, ist das Privileg der Schrift: Dreyblatts Gedächtnisuniversum

into fragments of text and individual documents, compositionally into a kind of libretto, and electronically into a hypertext. This procedure permits not only the reactualization of the text fragments in various performative contexts (or means of artistic staging), but also various mechanisms of connection and constantly shifting or newly blazed paths.[11]

Arnold Dreyblatt's installations only appear to be empty of people. The human figure does not appear in the technological and media arrangements or in the illuminated text images, at least not as a likeness. But much indicates the presence of people: names, dates of births and deaths, life histories with changing occupations, changing residences, and blows of fate. The paradox of memory: It is the presence of the absent.

But people appear in another way. Indeed, a central place is given them as viewers and above all as readers: sometimes in an active way, as part of a collective (reading) performance; sometimes more passively, as in the case of *The Wunderblock,* as the silent witness of a seemingly self-operating text process on a computer monitor. Dreyblatt's works would not exist without the viewer. What is not immediately obvious is the privilege accorded to script: Dreyblatt's universe of memory is primarily text-based; one could also say the texts, in interplay with the media and their staging, *are* the images, script images in a sense.[12] Pictures in the conventional sense, in contrast, are the exception.

ist in erster Linie textbasiert; man könnte auch sagen, die Texte, im Zusammenspiel mit den Medien und ihrer Inszenierung, *sind* die Bilder, Schriftbilder gewissermaßen.[12] Bilder im herkömmlichen Sinn stellen dagegen eher die Ausnahme dar. Sofern sie eingebunden werden, dienen sie dokumentierenden Zwecken (oder geben solche vor), verweisen etwa auf eine scheinbare Typologie wie im Falle der zahlreichen kleinen Abbildungen von Archiven und Datenspeichern weltweit, die auf der Schriftrolle *Artificial Memory* den linearen Textfluss unterbrechen wie eine zusätzliche Interpunktion. Eher scheinen diese Gebäude und Räume, diese Konsolen und Gehäuse für Datenarchitekturen die Kontingenz des Sammelns und Archivierens zu unterstreichen, als dass sie helfen könnten, deren systematischen Charakter aufzuzeigen. Genau das aber ist das Thema dieser Arbeit: Die zahlreichen Textstellen, die man in schier endlosen Zeilen über die mehrere Meter lange Rolle verfolgen muss, entstammen alle einer unabgeschlossenen und im Prinzip unabschließbaren Internet-Diskussion zu Fragen des Archivierens. Die Schriftrolle, und mit ihr der ästhetische Einsatz eines altüberkommenen Prinzips zur Speicherung von Texten, kontrastiert hier nicht nur mit dem Archiv als einer Institutionsform der Moderne, sondern auch mit postmodernen Weisen speicherloser Kommunikation im Internet.[13] Indem Medien und Speichermodelle aus unterschiedlichen Zeiten konvergieren, sich überlagern und durchdringen, macht Dreyblatt durch diesen Rückgriff nicht nur die Aporien im vermeintlichen Fortschritt der Erinnerungstechniken deutlich, sondern er illustriert zugleich prägnant

Where they are integrated, they serve documentary purposes (or dictate them), referring for example to a seeming typology, as in the case of the numerous small illustrations of archives and data storage all over the world, which interrupt the linear flow of text like additional punctuation in the scroll *Artificial Memory*. These buildings and rooms, these consoles and casings for data architectures seem to underscore the contingency of collecting and archiving more than they could help to illustrate the systematic character of these activities. But this is precisely the theme of this work: The numerous text passages that one must follow in absolutely endless lines across the scroll, which is 18 meters

Artificial Memory, 1999, Hamburger Bahnhof Museum für Gegenwart, Berlin

long, all come from an unfinished and in principle unfinishable Internet discussion on issues of archiving. Here the scroll, and with it the aesthetic use of an ancient principle of text storage, contrasts not only with the archive as an in-

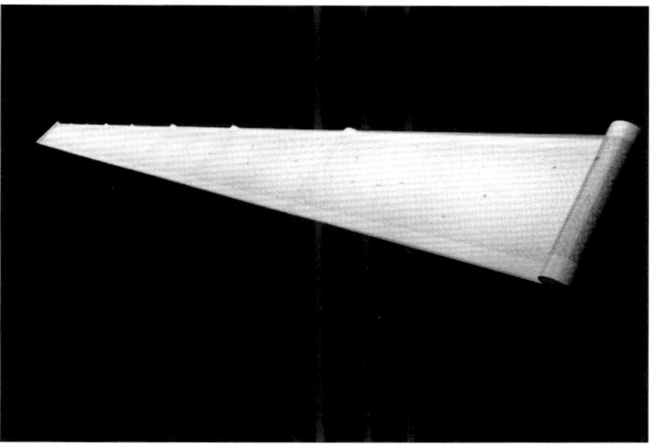

eine Zuspitzung Marshall McLuhans, nämlich »daß der ›Inhalt‹ eines Mediums immer ein anderes Medium ist«.[14]

Eine ganz andere Erkenntnis tritt in einigen jüngeren, äußerst sparsamen, beinahe minimalistischen Installationen thematisch in den Vordergrund. Nämlich jene Erkenntnis, dass jegliches Erinnern ein Vergessen einschließt, mehr noch, dass jedes Einschließen (ins Gedächtnis, ins Archiv) den bewussten oder unbewussten Ausschluss von anderem voraussetzt. Dreyblatt veranschaulicht dies durch die strukturelle Koppelung von Erhellung und Blendung.[15]

Der Raum ist leer bis auf eine zylindrische Form auf einem Metallstativ, eine Art überdimensionierte Stehlampe, deren Konturen man in der Dunkelheit nur schemenhaft erkennt. Das ändert sich schlagartig, wenn – für den Bruchteil einer Sekunde – ein grelles Licht aufblitzt. Dann wird nicht nur der weiße Schirm der Installation buchstäblich für den »Augenblick« deutlich sichtbar, sondern der Betrachter bemerkt auch, dass dieser »Lampenschirm« offenbar als Träger eines Textes fungiert. Allerdings ist der »lichte Moment« zu kurz, um allzu viel davon entziffern zu können. Lediglich das ein oder andere Wort behält man im Gedächtnis. (Sollte dies zum Beispiel das Wort »Vergessen« sein, das im Text vorkommt, wäre die Dialektik natürlich perfekt.) Wenn, nach dem plötzlichen und blitzartigen Eindruck, alles wieder in Dunkelheit zurückfällt, kehrt sich indes das Textbild

stitutional form of modernity, but also with postmodern methods of storage-free communication in the Internet.[13] By making media and storage models from various times converge, overlap, and interpenetrate each other, Dreyblatt not only reveals the paradoxes inherent in the supposed progress of techniques of memory, he also simultaneously vividly illustrates Marshall McLuhan's fine point »that the ›content‹ of a medium is always another medium«.[14]

In some more recent, extremely spare, almost minimalistic installations, a completely different discovery moves into the thematic foreground. Namely, the discovery that every remembrance includes a forgetting, and further, that this inclusion (in memory, in the archive) depends on the conscious or unconscious exclusion of something else. Dreyblatt makes this plain through the structural coupling of illumination and blinding glare.[15]

The room is empty except for a cylindrical form on a metal stand, a kind of oversized floor lamp whose contours are only barely recognizable in the darkness. This changes suddenly when – for a fraction of a second – a glaring light flashes. Then the white shade of the installation is not only clearly visible for literally »the blink of an eye«, the viewer also notices that this »lampshade« apparently functions as the carrier of a text. But this »lucid moment« is too short to be able to decipher very much of it. One retains only this

um. Es erscheint noch für einige Momente als weiße Schrift auf dunklem Grund, ein Effekt, der aus der Wahrnehmungsphysiologie als Nachbild bekannt ist.

Ein Schriftbild wie aus einem Zwischenreich: ursprünglich vom äußeren, dem leiblichen Auge schockartig wahrgenommen, scheint es gleichsam vor dem inneren Auge zu schweben (wenn man den Kopf wendet, folgt das Bild mit). Es ist noch da und doch bereits auf dem Weg, Erinnerung zu werden, lediglich eine Spur, eine Ahnung, die sich eingebrannt hat.[16] Dreyblatts Installation *Recovery Rotation* bezieht sich auch auf die Vorstellung der blitzlichtartig aufscheinenden Erinnerung. Nur dass sie hier paradoxerweise von Außen in einer Weise »wiederkehrt«, die – natürlich technisch inszeniert – dem Mechanismus ähnelt, mit dem Sigmund Freud die psychologische Projektion erläutert hatte. Vielleicht ist es daher auch kein Zufall, dass ein weiteres Modell, anhand dessen Freud seinerzeit die Funktionsweise des Gedächtnisses im psychischen Apparat erläuterte, noch in einer anderen Arbeit Dreyblatts eine elementare Rolle spielt. Man könnte darin geradezu das Gegenstück zu jener »Stehlampe« sehen. Arnold Dreyblatts Installation *The Wunderblock* ist von augenfällig intimem Charakter: ein Tisch, ein Stuhl, eine Glühbirne, ein obskures Objekt auf dem Tisch. Letzteres fällt durch die gelbe Farbe seines Rahmens besonders auf, hebt sich ab von der neutralen Gestaltung des Ensembles. Gleichwohl wird etwas in Szene gesetzt, und zwar zwei Texte, die auf dem Bildschirm optisch ineinander geschachtelt sind. Text A besteht aus Bruchstücken eines Glossars für Archivare; bei Text B handelt es

or that word in memory. (If this is, for example, the word »forgetting«, which appears in the text, the dialectic would be perfect, of course.) When, after the sudden and lightning-like impression, everything falls back into darkness, the text-image turns into its opposite. It appears for a few moments as white script on a dark ground, an effect known in perceptual physiology as an afterimage.

A script as if out of a liminal realm: originally perceived as a shock by the external, corporeal eye, it seems as if floating before one's inner eye (if one turns one's head, the image follows). It is still there and yet already on its way to becoming memory, merely a trace, a path that has burned a track.[16] Dreyblatt's installation *Recovery Rotation* relates to the idea of the suddenly appearing memory. Except that here, paradoxically, it »returns« from the outside in a manner – of course, technically staged – that resembles the mechanism with which Sigmund Freud explained the psychological phenomenon of projection. Perhaps it is thus no coincidence that another model that Freud used to explain the way memory functions in the psychological apparatus plays an elementary role in another of Dreyblatt's works. One could see in it the converse of the »Floor Lamp«. Arnold Dreyblatt's installation *The Wunderblock* is quite obviously intimate: a table, a chair, a light bulb, and an obscure object on the table. The latter is particularly conspicuous, due to the yellow color of its frame, and stands out from the neutral design of the ensemble.

sich um einen berühmten Text von Sigmund Freud, seine *Notiz über den ›Wunderblock‹*, den er vermutlich im Herbst 1924 niederschrieb und der so kurz und prägnant ist, dass er sich beinahe auf einem solchen Wunderblock unterbringen ließe.[17]

Eine Besonderheit von Dreyblatts Installation liegt darin, Freuds Text versuchsweise beim Wort zu nehmen und dies wiederum in einem doppelten Sinn: Erstens indem die Worte des Textes selbst als Erinnerungsspuren von jener Art auftauchen, von denen in der Notiz die Rede ist. Und zweitens durch eine Übertragung auf die Gedächtnisprozesse des Computers, auf das Prozessieren von Datenmengen (digitalen Erinnerungsspuren) etwa in den beiden Speichervarianten RAM (= Random Access Memory), also dem Arbeitsspeicher, gewissermaßen dem Kurzzeitgedächtnis des Computers, und ROM (= Read Only Memory), jener Speicherform, die nur die Lektüre, aber keinen verändernden Zugriff erlaubt.

Von besonderer Bedeutung ist auch die Glühbirne über dem Tisch. Nur scheinbar dient sie der Erhellung des Raumes. Zur Lektüre des Textes auf dem Bildschirm trägt ihr Licht ohnehin nichts Erhellendes bei, man könnte diesen auch ohne es lesen. Will der Betrachter indes lesen, was dort geschrieben steht, muss er

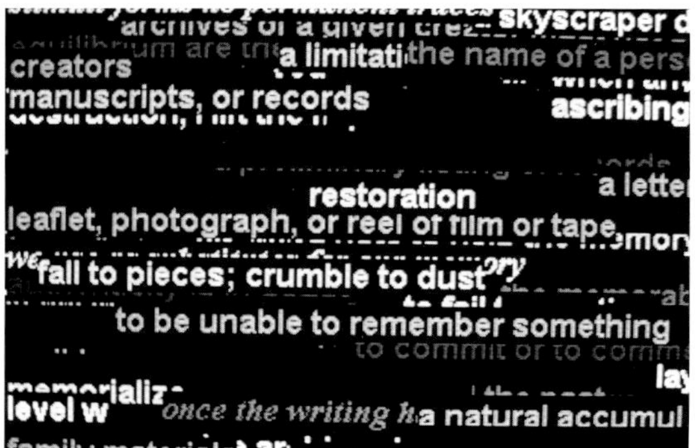

The Wunderblock, 2000
Galerie Anselm Dreher, Berlin

sich über den Wunderblock beugen und wirft dabei notwendig einen Schatten auf das Objekt. Den meisten Betrachtern von Dreyblatts Arbeit dürfte der eigene Schatten freilich kaum bewusst werden. So wird dieser zum ins Bild gesetzten, externalisierten Unbewussten des Betrachters. Anders ausgedrückt: durch die Schatten-Projektion »internalisiert« der Betrachter den Wunderblock, und auf der Schreibtischoberfläche fallen Gedächtnismaschine und Kopf des Betrachters in eins.

Sowohl *The Wunderblock* als auch *Recovery Rotation* entziehen sich jeder Lesbarkeit: Zwar fordern die Installationen zur Lektüre auf, sie verhindern diese aber zugleich. Analog zur Komplementarität von Erinnern und Vergessen, kommt in diesem Paradox der Unlesbarkeit auch ein grundsätzlicher Zweifel zum Ausdruck. Er stellt die Verlässlichkeit der Erinnerung, auch der ins Archiv »veräußerten«, grundsätzlich in Frage und bringt mich zurück zur Katastrophe. Denn die Katastrophe ist in Dreyblatts Werk noch anwesend, wenn auch nur angedeutet durch eine ominöse Epoche. Eine Jahreszahl, die eine Zäsur und den Beginn der größten Katastrophe des 20. Jahrhunderts markiert: 1933. Das *Who's who in Central & East Europe* war das erste und einzige biografische Lexikon, das sich ausschließlich mit dieser Region befasste,[18] und vielleicht war dieses Buch, das 1935 erschien, ja auch schon das letzte seiner Art. Selbst wenn dies in Dreyblatts Arbeit nicht explizit gemacht wird, dürfte es schwer sein, zumindest in Deutschland, diese Epoche ohne düstere Assoziationen zu »lesen«. Zumal die Vernichtung der mittel- und osteuropäischen Juden

casting a shadow on the object. Of course, most viewers of Dreyblatt's work will hardly become aware of their shadow. The latter thus becomes the viewer's externalized unconscious, injected into the picture. In other words, the viewer »internalizes« the magic slate by projecting a shadow; the memory machine and the viewer's head coincide on the surface of the table.

The Wunderblock and *Recovery Rotation* both elude legibility. The installations demand that we read, but at the same time they prevent it. In analogy to the complementarity of remembering and forgetting, this paradox of unreadability also expresses a fundamental doubt. It fundamentally questions the reliability of memory, even memory »externalized« in the archive, thus bringing me back to the theme of the catastrophe. For in Dreyblatt's work the catastrophe is still present, if only by allusion to an ominous epoch. A year that marks a dividing line and the beginning of the greatest catastrophe of the 20th century: 1933. *The Who's Who in Central & East Europe* was the first and only biographical lexicon that focused solely on this region,[18] and this book, which appeared in 1935, may have been the last of its kind. Even if Dreyblatt's work does not make this explicit, it is probably difficult, especially in Germany, to »read« this epoch without dark associations. Especially since the annihilation of the Central and Eastern European Jews was also ultimately calculated to end in a systematic extinction of historical memory. In this sense, Drey-

schließlich auch auf ein systematisches Auslöschen im Sinne eines historischen Vergessens hin berechnet war. In diesem Sinne verfolgt Dreyblatt ein letztlich utopisches Projekt. Es geht um eine Reise in jedermanns Biografie, wie sie sich Gertrude Stein – ein wichtiger Einfluss für Dreyblatt – in ihrem *The Making of Americans* vorstellte. Und es geht, zur Verhinderung der vielleicht noch größeren Katastrophe, der Katastrophe des Vergessens, um eine Wiederbelebung der Toten – im Text.

1   Danilo Kis, *Enzyklopädie der Toten*, München 1986, S. 50

2   Simonides' Geschichte, die besonderen Umstände seiner Rettung sowie die damit verbundenen Ursprünge der Gedächtniskunst als Erinnerung einer Sitzordnung erzählte schon Cicero in *De oratore*. Als Ausgangspunkt referiert dies auch Frances A. Yates in ihrem grundlegenden Buch über *Gedächtnis und Erinnern. Mnemonik von Aristoteles bis Shakespeare*, Weinheim 1990, S. 11 ff.

3   Aleida Assmann, *Erinnerungsräume. Formen und Wandlungen des kulturellen Gedächtnisses*, München 1999, S. 130. Zur Unterscheidung von kollektivem, kulturellem und kommunikativem Gedächtnis vgl. Jan Assmann, *Das kulturelle Gedächtnis. Schrift, Erinnerung und politische Identität in frühen Hochkulturen*, München 1992

4   Assmann, a. a. O., S. 33

5   Vgl. hierzu und zum Folgenden Jacques Derrida, *Dem Archiv verschrieben*, Berlin 1997, S. 11 ff.

blatt is pursuing what is ultimately a utopian project. He takes a journey into everyman's biography, like that imagined by Gertrude Stein – an important influence on Dreyblatt – in her *The Making of Americans*. And, to prevent what may be an even greater catastrophe, the catastrophe of forgetting, he aims to resurrect the dead – in the text.

Translation: Mitch Cohen

1   Danilo Kis, *The Encyclopedia of the Dead*, New York 1989, p. 37

2   Simonides' story, the special circumstances of his rescue, and the associated origins of mnemonic art as the recollection of seating arrangements were already told by Cicero in *De oratore*. Discussion of this is the starting point for Frances A. Yates in her foundation-laying book *Gedächtnis und Erinnern. Mnemonik von Aristoteles bis Shakespeare*, Weinheim 1990, p. 11–13 [Engl. The Art of Memory, London 1966]

3   Aleida Assmann, *Erinnerungsräume. Formen und Wandlungen des kulturellen Gedächtnisses*, Munich 1999, p. 130. For the distinction between collective, cultural, and communicative memory, cf. Jan Assmann, *Das Kulturelle Gedächtnis. Schrift, Erinnerung und politische Identität in frühen Hochkulturen*, Munich 1992

4   Assmann, ibid., p. 33

6   Ebenda, S. 25. Zum Begriff der Konsignation vgl. S. 13

7   Arnold Dreyblatt, *The Memory Work*, in: *Performance Research* 2 (3), 1997, S. 93

8   Arnold Dreyblatt, *Hypertext und Erinnerung als Performance und Installation*, in: Martin Warnke/Wolfgang Coy/Georg Christoph Tholen (Hg.), *HyperKult. Geschichte, Theorie und Kontext digitaler Medien*, Basel/Frankfurt am Main 1997, S. 267

9   Vgl. hierzu Wolfgang Ernst, *Das Rumoren der Archive. Ordnung aus Unordnung*, Berlin 2002, S. 14 ff. – Zur Problematik der Behandlung von Dokumenten im Computerzeitalter vgl. auch: Hartmut Winkler, *Decouverse. Zur Medientheorie der Computer*, Regensburg 1997, und David M. Levy, *Scrolling Forward. Making Sense of Documents in the Digital Age*, New York 2001

10 R. P. D. Stephen Taylor (Hg.), *Who's Who in Central & East Europe*, Zürich 1935

11 Genau darin aber sieht die Theoretikerin Katherine Hayles die drei elementaren Kennzeichen von Hyper- oder Technotexten (wie sie dies nennt), im Unterschied zu herkömmlichen, und das heißt grundsätzlich linearen Texten: »Hypertext has at a minimum the three characteristics of Multiple Reading Paths, Chunked Text, and some kind of Linking Mechanism to connect the chunks.« N. Katherine Hayles, *Writing Machines*, Cambridge/London 2002, S. 26. Die Bezeichnung »Technotexts« stammt ebenfalls von Hayles. – Zur Theorie des Hypertexts gibt es mittlerweile eine fast unüberschaubare Literatur; ich weise hier lediglich auf Autoren wie George P. Landow, Stuart Multhorp und Espen Aarseth hin sowie hierzulande Heiko Idensen. Mit ihm hat Dreyblatt im Falle der »Who's Who«-Projekte eng zusammengearbeitet. Vgl. Dreyblatt, *Hypertext und Erinnerung als Performance und Installation*, S. 274 ff.

5   On this and the following, cf. Jacques Derrida, *Dem Archiv verschrieben*, Berlin 1997, p. 11–13

6   Ibid., p. 25. Concerning the term »consignation«, cf. p. 13

7   Arnold Dreyblatt, *The Memory Work*, in: *Performance Research* 2 (3), 1997, p. 93

8   Arnold Dreyblatt, *Hypertext und Erinnerung als Performance und Installation*, in: Martin Warnke/Wolfgang Coy/Georg Christoph Tholen (eds.), *HyperKult. Geschichte, Theorie und Kontext digitaler Medien*, Basel/Frankfurt am Main 1997, p. 267

9   On this, cf. Wolfgang Ernst, *Das Rumoren der Archive. Ordnung aus Unordnung*, Berlin 2002, p. 14–16. – On the problematics of dealing with documents and archives in the computer age cf. also: Hartmut Winkler, *Docuverse. Zur Medientheorie der Computer*, Regensburg 1997, and David M. Levy, *Scrolling Forward. Making Sense of Documents in the Digital Age*, New York 2001

10 R. P. D. Stephen Taylor (ed.), *Who's Who in Central & East Europe*, Zurich 1935

11 But this is precisely where the theoretician Katherine Hayles sees the three elementary characteristics distinguishing hypertexts or technotexts (as she calls it) from the conventional, i.e., fundamentally linear texts: »Hypertext has at a minimum the three characteristics of Multiple Reading Paths, Chunked Text, and some kind of Linking Mechanism to connect the chunks.« N. Katherine Hayles, *Writing Machines*, Cambridge/London 2002, p. 26. The term »Technotexts« is also Hayles'. – There is meanwhile an almost unencompassable theoretical literature on hypertext; here I note solely such authors as George P. Landow, Stuart Multhorp, and Espen Aarseth and, in this country, Heiko Idensen. Drey-

12 Der Bildtheoretiker W. J. T. Mitchell hat in seinem Buch *Picture Theory* nicht nur den Begriff des »imagetext« geprägt, sondern auch die enge Verbindung von Bild-Text und Gedächtnis hervorgehoben: »Memory, in short, is an imagetext, a double-coded system of mental storage and retrieval.« Und an anderer Stelle heißt es: »The composite imagetext structure of memory seems to be a deep feature that endures all the way from Cicero to Lacan to the organization of computer memory.« Vgl. W. J. T. Mitchell, *Picture Theory*, Chicago 1994, S. 192–193

13 Für diese dreistufige Unterscheidung – Speicher als bloße Sammlung ohne Medien der Verfügbarmachung, Archiv als Speicher plus Zugriffsmedien, Internet als ein Zugriffsmedium ohne Speicher – hat sich die Soziologin Elena Esposito stark gemacht. Die Luhmann-Schülerin entwickelt diese Unterscheidung in ihrem Buch *Soziales Vergessen. Formen und Medien des Gedächtnisses der Gesellschaft*, Frankfurt am Main 2002. Ich folge hier Jan Assmanns durchaus kritischer Zusammenfassung im Nachwort des nämlichen Bandes. Vgl. dort S. 413 f.

14 Marshall McLuhan, *Die Magischen Kanäle / Understanding Media*, Dresden/Basel 1994, S. 22

15 Ich beziehe mich hier auf den amerikanischen Literaturwissenschaftler Paul de Man und sein Buch *Blindness and Insight. Essays in the Rhetoric of Contemporary Criticism*, Oxford 1971. Auf ihn geht auch der – in seiner Anwendung auf Texte – paradoxe Begriff der Unlesbarkeit zurück. Vgl. Paul de Man, *Allegories of Reading. Figural Language in Rousseau, Nietzsche, Rolke, and Proust*, New Haven/London 1979

16 Die Begriffe Schock, Spur und Bahnung spielen eine zentrale Rolle in Sigmund Freuds spekulativen – und umstrittenen – Konzeptionen des psychischen Apparates, die er in seinem Essay *Jenseits des Lust-*

blatt worked closely together with Idensen on the »Who's Who«-projects. Cf. Dreyblatt, *Hypertext und Erinnerung als Performance und Installation*, p. 274–276

12 In his book *Picture Theory*, the picture theoretician W. J. T. Mitchell not only coined the term »imagetext«, he also underscored the close connection between this imagetext and memory: »Memory, in short, is an imagetext, a double-coded system of mental storage and retrieval.« And elsewhere he writes, »The composite imagetext structure of memory seems to be a deep feature that endures all the way from Cicero to Lacan to the organization of computer memory.« Cf. W. J. T. Mitchell, *Picture Theory*, Chicago 1994, p. 192–193

13 The sociologist Elena Esposito has promoted this three-level distinction: storage as a mere collection without any media to make it accessible, archive as storage plus access media, Internet as an access medium without storage. A student of Luhmann, she develops this idea in her book *Soziales Vergessen. Formen und Medien des Gedächtnisses der Gesellschaft*, Frankfurt am Main 2002. Here I follow Jan Assmann's plainly critical summary in the book's epilogue. Cf. there p. 413–414

14 Marshall McLuhan, *Die Magischen Kanäle/Understanding Media*, Dresden/Basel 1994, p. 22

15 Here I refer to the American philologist Paul de Man and his book *Blindness and Insight. Essays in the Rhetoric of Contemporary Criticism*, Oxford 1971. The paradoxical concept of unreadability also derives from his application of it to texts. Cf. Paul de Man, *Allegories of Reading. Figural Language in Rousseau, Nietzsche, Rilke, and Proust*, New Haven/London 1979

prinzips verhandelt. Jacques Derrida bezieht sich darauf in verschiedenen Konzepten, unter anderem auch in seinem erwähnten Buch über das Archiv.

17 Es handelt sich, kurz gesagt, um jenes bekannte Kinderspielzeug, bei dem man auf eine Zellophanoberfläche schreibt und die Schrift sich auf eine Wachstafel durchdrückt; zieht man diese heraus, werden Plastik und Wachs getrennt und die Schrift verschwindet, die Tafel kann neu beschrieben werden. Auf dem Wachsgrund bleiben allerdings Spuren, Eingrabungen der ursprünglichen Schrift erhalten. Jene »Gedächtnisspuren«, von denen Freud spricht.

18 Vgl. Anm. 8

16 The concepts of shock, trace, and track play a central role in Sigmund Freud's speculative – and controversial – conceptions of the psychological apparatus, which he treats in his essay *Beyond the Pleasure Principle*. Jacques Derrida refers to them in a number of his ideas, including in his aforementioned book on the archive.

17 The »mystic writing pad« or »magic slate« is a popular children's toy on whose plastic surface one writes, the script pressing through to a wax tablet; if the plastic is pulled up, it separates from the wax and the script disappears. The slate can be inscribed anew. But traces and grooves are left from the original script. These are the »memory traces« Freud speaks of.

18 Cf. fn. 8

...that Babylonian lawgiver Hammurabi (c. 1,750 years before the Christian era) achieved on clay tablets the
Mr. Rosen after the device wipes a CD-ROM clean in 20 seconds. Nobody is going to steal that form you..
...ation with the Research Library Group, an association of American and European research libraries. K G
...itation of the catalogue, ordering books, and access for personnel and members to the various library fi
...National Underground Storage Inc. of Boyers. National Underground owns a 1.7 million-square-foot fo
...ted large sums to the perfecting and repair of the materials. This Secret Archive of the Vatican was fo
...ything from the past is worth keeping. ! Tue Jun 18 11:09:54 1996, Medical Records: In the case of me
of Islamic and Jewish manuscript texts and Ottoman documents in all of Southeastern Europe. She
scientists, just after the last Ice Age. "Modern Man" started about 100,000 years ago to domesticate
haeologists of tomorrow with an in depth look at today's world - news events large and small, globa
ence, a daily struggle between their training never to give up secrets and a more natural human d
do, we, archivists, documentalists, librarians, computer scientists, and technicians who want th
, however, that is likely to survive even longer: ink on acid-free paper. Despite the relative bulk o
e place in the hundreds or thousands daily. There is no added value to determine the retention pe
As the winds begin to pick up, there is the threat of weather breaking into your house. Sometime
Pretty cool. Even put in some dirt. The barren island of Majorca, 3000 years ago, was a lush garde
sonal beliefs, you shouldn't be in this line of work. ! Fri Mar 29 14:56:18 1996, Paper
chnology changes the way we read and write Computers and ele
ary record, free of the academic or ideological
y position. There must be a
records of th

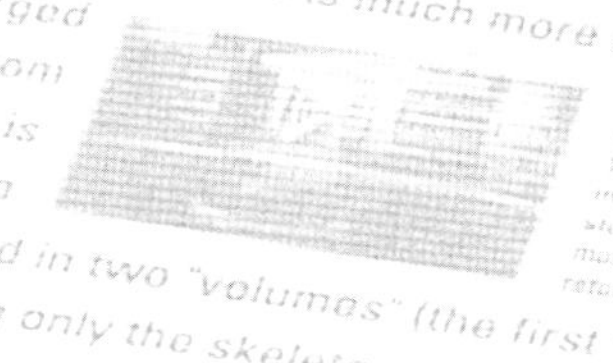

In der Stadtgalerie Saarbrücken im Jahr 2003 ausgestellte Installationen /
Exhibited Installations in the Stadtgalerie Saarbrücken, 2003

Texte von / Texts by **Arnold Dreyblatt**

Auf einem Gestell sitzt ein rotierender Zylinder von 80 cm Höhe und 100 cm Durchmesser, der von einem Motor angetrieben wird. Im Inneren des Zylinders befinden sich 100 auf Drähte gereihte Blitzlichter, die nach außen gerichtet sind. Die Oberfläche des Zylinders besteht aus verschiedenen Schichten von Plexiglas und Filmen, die im inaktiven Zustand weiß erscheinen. Ungefähr alle sieben Sekunden beleuchtet ein äußerst intensives 360-Grad-Blitzlicht die elf Satzfragmente, die kreisförmig in die Oberfläche des Zylinders eingeschrieben sind. Mit jedem Blitz nimmt der Betrachter auf dem sich langsam drehenden Zylinder neue Textteile wahr, die jedoch nur als Nachbild in Gestalt weißer Buchstaben auf schwarzem Grund auf der Retina zu lesen sind.

Die Textfragmente sind aus wissenschaftlichen Studien über das »Flashbulb Memory« abgeleitet.

A motor-driven rotating cylinder, 80 centimeters high and with a diameter of 1 meter, mounted on a stand. The core of the cylinder contains an wired array of 100 flashbulbs which face the outer surface which is composed of multiple layers of plexiglass and film which appear white when inactive. Approximately every seven seconds, an extremely intensive 360 degree flash illuminates eleven circular text phrases which are inscribed into the cylinder surface. As the cylinder is slowly turns, one perceives new text fragments with each flash, which are only readable as an afterimage on the retina, white letters on a black background.

The texts are derived from scientific texts on the phenomena of »Flashbulb Memory«.

Die Installation *Recovery Rotation* entstand in Kooperation zwischen dem »Festival Conceptual-
isms: Zeitgenössische Rezeptionen in Musik, Kunst und Film«, (im Auftrag der Akademie der Künste Berlin, kuratiert von Christoph Metzger, ermöglicht aus Mitteln des Hauptstadtkulturfonds) und
der Stadtgalerie Saarbrücken.

Texte aus: R. Brown & J. Kulik, *Flashbulb Memories*, in: *Cognition*, 5, 1997, S. 73 – 99; R. B. Livingston, *Reinforcement*, in: *The Neuro Sciences, A Study Program*, New York 1967; U. Neusser, *Memory Observed: Remembering in Natural Context*, New York 1982; etc.

Aus dem Amerikanischen von Berthold Schmitt

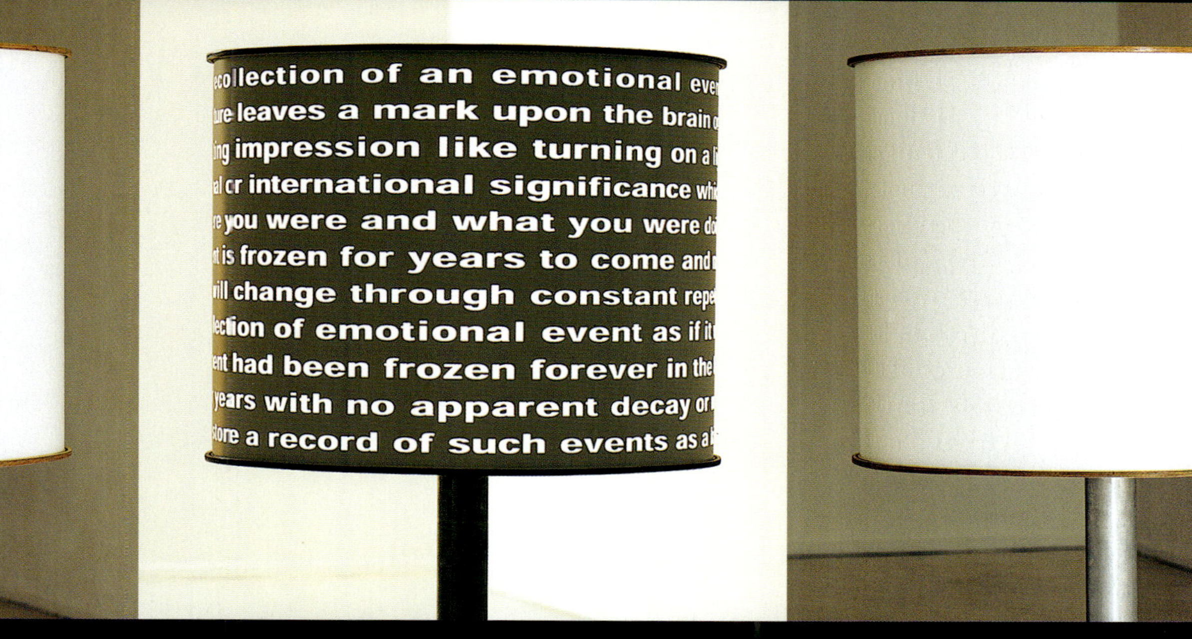

The installation *Recovery Rotation* was created in cooperation between the »Festival Con-
ceptualisms: Zeitgenössische Rezeptionen in Musik, Kunst und Film« (»Contemporary Re-
ceptions in Music, Art, and Film«, commissioned by the Akademie der Künste Berlin, cu-
rated by Christoph Metzger, and made possible by funds from the foundation Hauptstadtkulturfonds) and the Stadtgalerie Saarbrücken.

Texts from: R. Brown & J. Kulik, *Flashbulb Memories*, in: *Cognition*, 5, 1997, S. 73 – 99;
R. B. Livingston, *Reinforcement*, in: *The Neuro Sciences, A Study Program*, New York 1967;
U. Neusser, *Memory Observed: Remembering in Natural Context*, New York 1982; etc.

1925 verfasste Freud eine Schrift, in der das Erinnerungsvermögen mit einem Kinderspielzeug, dem Wunderblock, verglichen wird. Es besteht aus einer mit Folie bespannten Wachstafel, auf die man einen Text schreiben und rasch wieder tilgen kann, indem man die Zellophanschicht von der Wachstafel abhebt.

Im Gegensatz zu Freuds Modell, in dem der Druck beim Beschriften der Zellophanfläche sich zur darunter liegenden Wachsschicht fortsetzt, ist die ursprüngliche Auswahl und Eintragung von Daten in *The Wunderblock* bereits zuvor abgeschlossen. Die Bewegung entspringt aus ROM (Festplatte) und wird in RAM (Arbeitsspeicher) festgehalten, bevor sie zur Oberfläche wandert.

Ganz unabhängig von unserer An- oder Abwesenheit sucht und schreibt die Installation eigenständig. Man hat den Eindruck, dass die zugrunde liegenden Quellentexte niemals vollständig wahrgenommen werden können. Da die vielen Textfragmente simultan geschrieben und getilgt werden, ist ein bestimmtes Fragment nur mit Mühe zu lesen, bevor es verschwindet. Das hier vorgeführte Gedächtnismodell ist gleichzeitig hochgradig instabil, bruchstückhaft, unvollständig, vergänglich und flüchtig.

In 1925, Freud wrote a text that compares the faculty of memory to a child's toy known as a »Wunderblock«. It consists of a wax slab stretched with cellophane, upon which a text may be inscribed, and just as readily erased by lifting the cellophane layer up and away from the wax slab.

In contrast to Freud's model, in which the pressure of the act of inscription onto the cellophane surface continues in the direction of the underlying layer of wax, in *The Wunderblock*, the original selection and entry of data has been concluded in the past. The movement originates from ROM and is held in RAM, before traveling up towards the surface.

Quite independently of our own states of presence or absence, the installation searches and inscribes autonomously. One has the impression that the underlying textual sources can never be perceived in their entirety. Because the many texts fragments are inscribed and erased simultaneously, one can read a given fragment only with difficulty before it vanishes. The model of memory demonstrated here is at once highly unstable, fragmentary, incomplete, perishable and ephemeral.

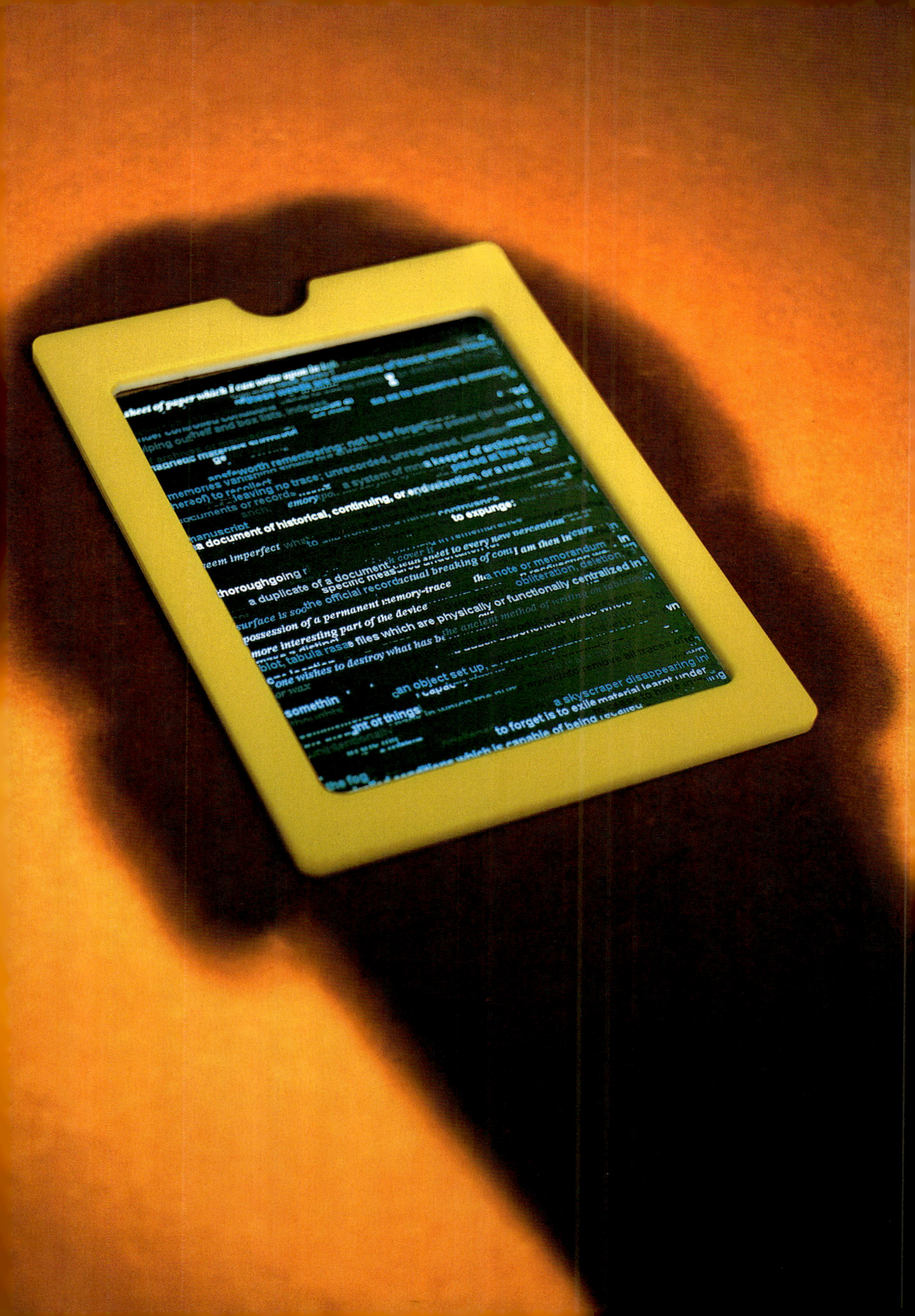
sheet of paper which I can write upon is
a document of historical, continuing, or endurstenion, or a recall
to expunge:
thoroughgoing r
a duplicate of a document
specific meas
surface is so the official record
possession of a permanent memory-trace
more interesting part of the device
blot, tabula rasa files which are physically or functionally centralized in
one wishes to destroy what has be
or wax
can object set up,
somethin
a skyscraper disappearing in
ent of things
to forget is to exile material learnt under

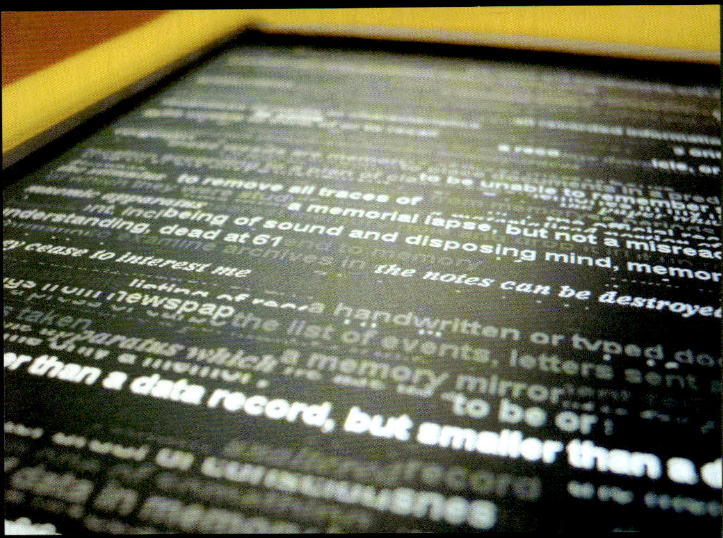

Die Satzfragmente, die auf dem Bildschirm erscheinen und verschwinden, beschreiben den Vorgang
von Finden und Verlieren, Schutz und Zerstörung.

Texte aus: Sigmund Freud, *Notiz über den ›Wunderblock‹*, Wien 1925; The Society of American Archivists (Hg.), *A Glossary for Archivists*, Chicago 1992.

Aus dem Amerikanischen von Ernest W. Uthemann

The sentence fragments appearing and disappearing
on the screen describe a process of finding and loss,
safeguarding and destruction.

Texts from: Sigmund Freud, *Notiz über den ›Wunderblock‹*, Wien 1925; The Society of American Archivists (ed.), *A Glossary for Archivists*, Chicago 1992.

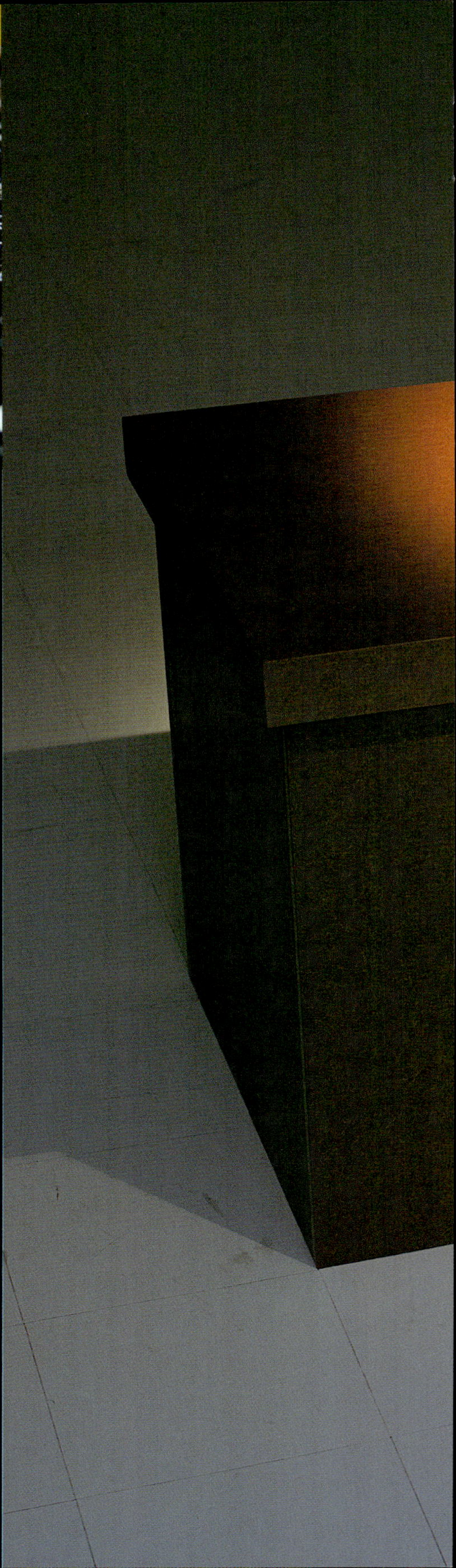

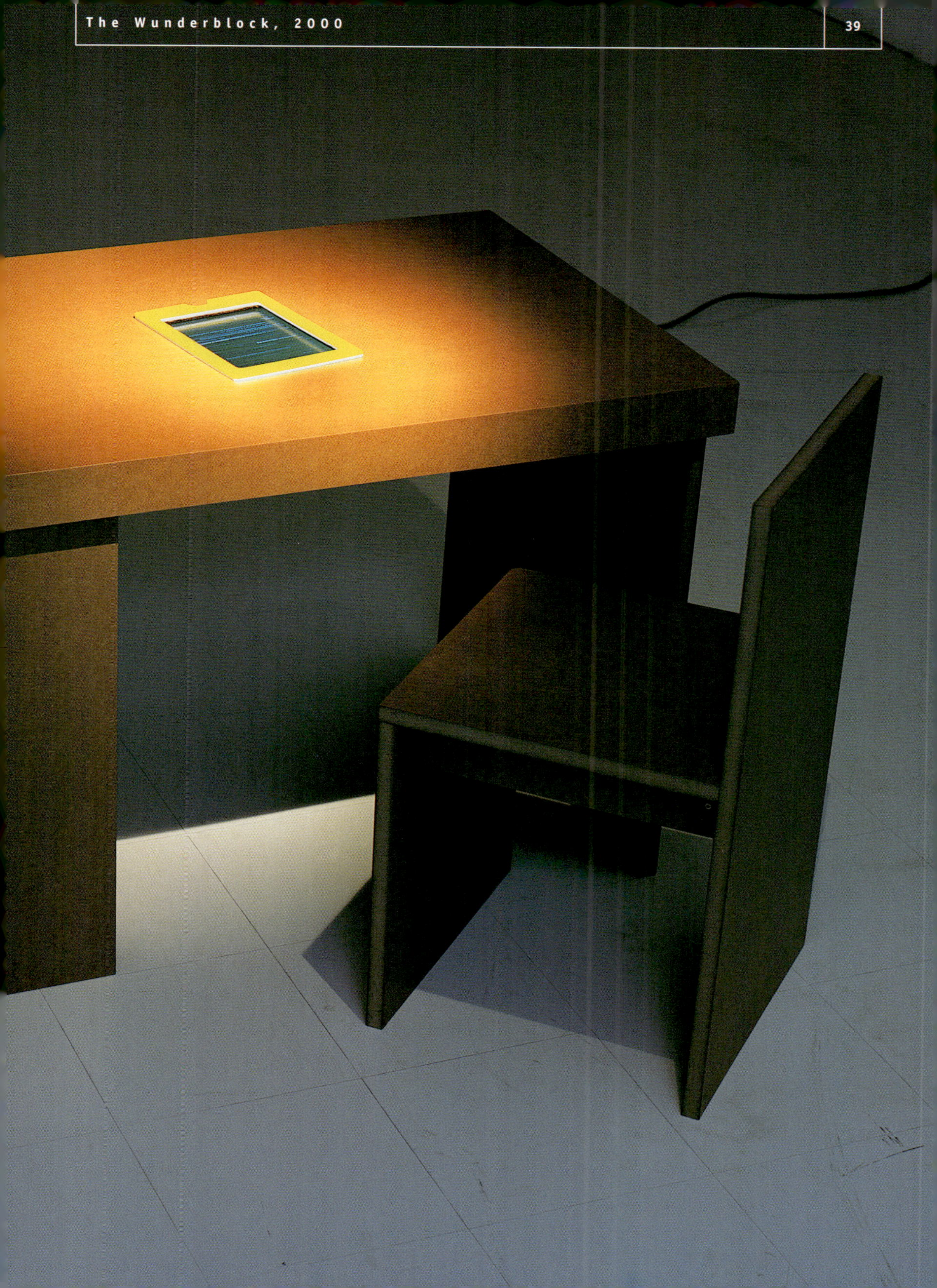

Dieses »Archiv über Archive« hinterfragt die Beständigkeit gespeicherter Daten. Die meisten der hier zu lesenden Texte wurden im Internet gesammelt und stammen aus Diskussionen unter professionellen Archivaren und aus Institutsberichten. Das Archiv wird zur Metapher für den Widerstand gegen das Vergessen und den Verlust.

Die Arbeit wird in einem abgedunkelten Raum präsentiert, der durch eine riesige antikisierende Schriftrolle beleuchtet wird, die – scheinbar ohne Anfang und Ende – einen heiligen, biblisch anmutenden Gegenstand darstellt. Die Rolle liegt auf einem Holzsockel, der mit Glasscheiben abgedeckt ist und Leuchtstofflampen enthält.

Jede Textzeile erstreckt sich über 18 Meter Länge und wird in der nächsten Zeile fortgesetzt. Das Auge folgt diesem Textfluss so lange, bis es seine waagerechte Orientierung verliert und durch einen senkrechten Sprung zu einer neuen Startposition zu einer Verschiebung der visuellen Aufmerksamkeit gelangt.

Inhalt: 997 Textfragmente und Miniaturen, die zwischen 1993 und 1999 aus verschiedenen digitalen und archivalischen Quellen zusammen getragen wurden. Alle Einträge wurden zum Zeitpunkt ihrer Sammlung mit Datum und Uhrzeit versehen.

Aus dem Amerikanischen von Berthold Schmitt

This »archive about archives« questions the permanence of data storage, presented as discussions between professional archivists and in institutional reports, most of which were collected in the internet. The archive becomes a metaphor for a resistance against forgetting and loss.

The work is presented in a darkened room which is illuminated by the antique form of an enormous paper scroll, seemingly without a beginning or an end, representing a sacred object with biblical overtones. The scroll is mounted on a wooden base containing florescent tubes, with a glass surface.

Each line of text extends to 18 meters, flowing on to the beginning of the next line. The eye follows this stream of content, until one loses one's horizontal location – resulting in a shifting of one's visual attention as one springs vertically to a new starting position.

Contents: 997 text fragments and thumbnail images from various digital and archival sources, collected 1993–1999. All entries are time-stamped from the moment of collection.

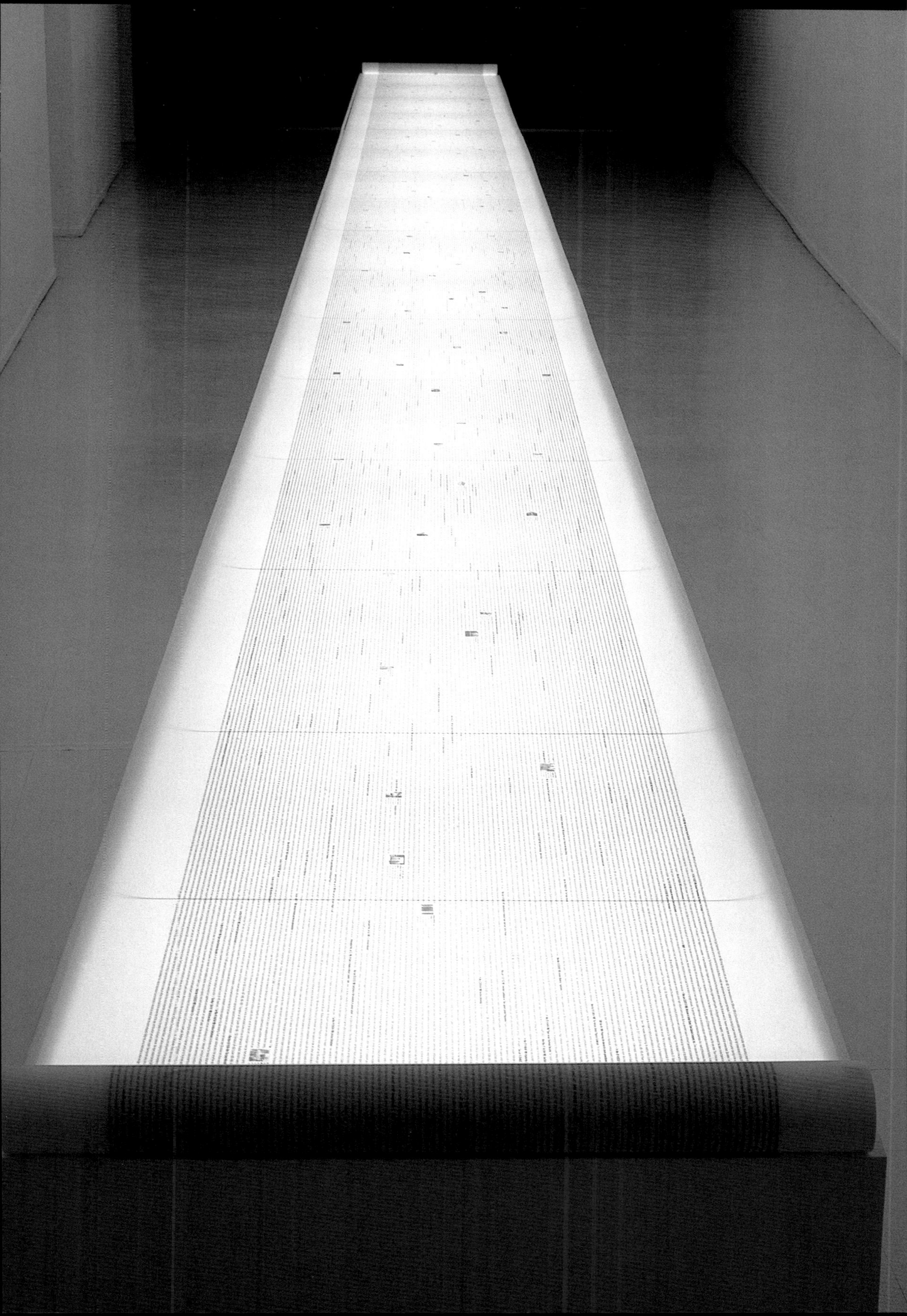

reference material by the Meiji Administration (1888-1912). Approximately 570,000 volumes of books containing statistical figu... physical objects as about specifying the creation and maintenance of intangible electronic files whose intellectual integrity is their pr... much later) Sicily were only moderately successful. The palace library contained some 490,000 scrolls and the library of the Serapeu...

...etc.; a record of the sports, amusements, pastimes and games in vogue ...of 3.5 million British soldiers, sailors and ... European or otherwise, ...archival material, private ...I spent an enthusiastic year in the study of Old Norse, yet I was never capable of deciphering runic writing ...mosque was disassembled in December 1992, and news photographs show crowds of Hind...

| Sun Feb 18 21:37:48 1996, Accelerating Data Size: The biggest byte makers are the television stations of the world; although it is ...
parties. **| Fri Jun 23 23:39:05 1995, StorageTek 'Powderhorn': Over 11.5 TB (TeraBytes) of data storage:** The Arctic Region Supercom...
the collection continues to grow apace. **| Fri Oct 23 14:59:46 1998, The Vatican Secret Archives: Archive of Avignon:** The archival
5. The cultural activity Monastero di S. Lazzaro degli Armeni: The Abbot Mekhitar and his followers, have always been conscious
were also invited to indicate, for all archives involved, the survival of finding aids or of printed or other reproductions (in transcr...
quantities. Although an occasional lover of letters might order a copy made with large margins on a scroll 40 centimeters wide o...
? With advanced document management solutions from StorageTek, they do. We offer robust, flexible high-capacity options tha...

| Thu Apr 24 17:40:44 1997, Hill Monastic Manuscript Library Manuscript Study Centers: Since the start of its microfilming pr...
established by the executive order. **| Tue Sep 29 14:30:31 1998, Digital Preservation:** S...
Remembrance Agent know where the user is, while camera and face recognition will l...
1940, 6 linear feet; Mickritz, Stella Mucha - Papers, 1919-1983, 4 linear feet. Papers cons...
storage media. The viability of digitized files is much more dependent on the life expectan...

Thu Jul 27 10:37:00 1995, Storage Media. | I agree with others that archival work is not fundamentally changed just because new technology is available. There is no program or machine to plug these records into and then forget about it for a century

...d Preservation company, in fact, supplied the red metal, gas-purged
...y has a substantial collection for the United States. Every state is
...manifested itself primarily in relatively recent material, dating from
...v received several items which were unfortunately housed in the
...es (with biography and bibliography) are alphabetically arranged in two "volumes" (the first "from the beginning" until shor...
...e destruction of 600 titles of Bosnian periodicals. Of the building only the skeleton remained largely intact. Ironically, a vie...
...sts of local companies, business directories, telephone books, park district activity catalogs, news of local sporting eve...
...still under a 75-year closure regulation. Kew's shelves now hold the records of 217,000 officers. The M...
...is found 42 times in the "German Biographical Archive", Rauch, 166 times - sculptors...
...ral records," despite having vital historical information relating to...
...andards testing, that the scientifically stored film...
...er day only? Is any information...
...Don't forge...

Fri Mar 8 21:04:40 1996, Former Royal and Provicial Library, Hannover: In February 1946, a flood did serious damage to books in the cellars, where 130 cases were stored These cases contained the library's most precious materials and had just been returned from storage elsewhere

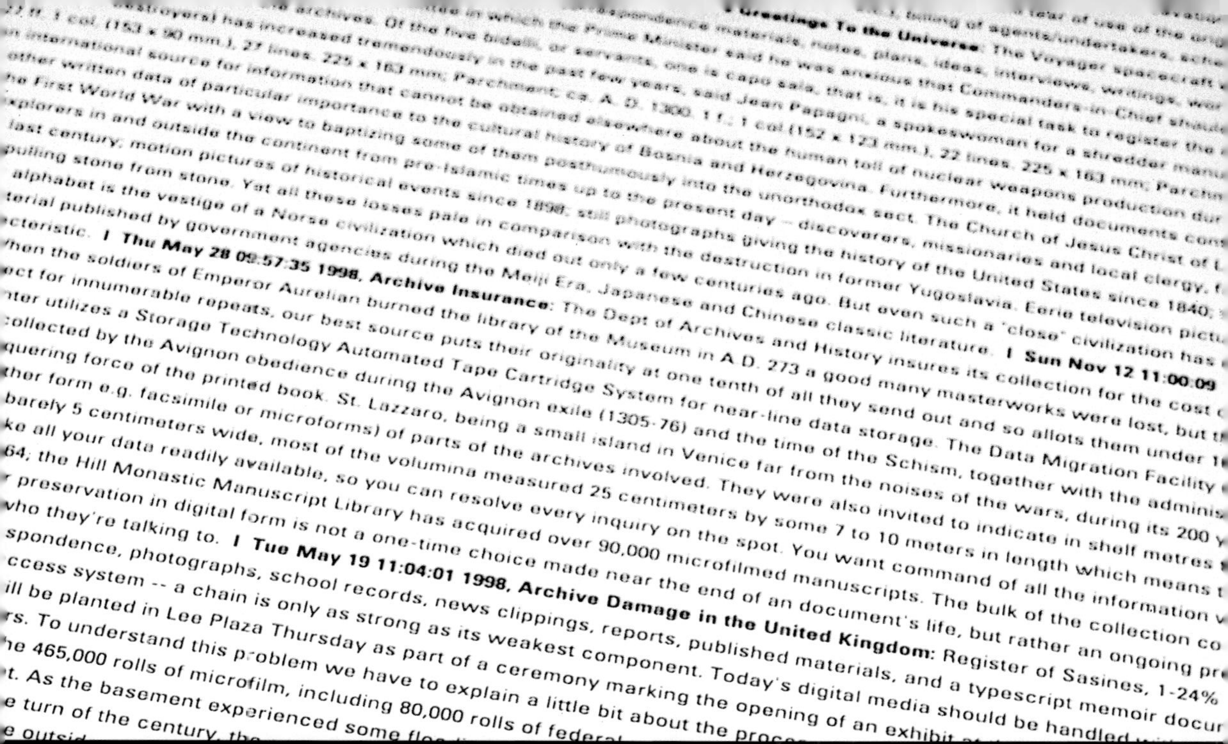

...stroyer] has increased tremendously in the past few years ... archives. Of the five bidelli, or servants, one is capo sala, that is, it is his special task to register the ... **Greetings To the Universe**: The Voyager spacecraft ... tear of use of the orig... ...lling of agents/undertakers, sche...

...22 H. 1 col (153 x 90 mm.), 27 lines. 225 x 163 mm; Parchment, ca. A.D. 1300. 1 f., 1 col (152 x 123 mm.), 22 lines. 225 x 163 mm; Parch... in international source for information that cannot be obtained elsewhere about the ...spondence, materials, notes, plans, ideas, interviews, writings, wer...

other written data of particular importance to the cultural history of Bosnia and Herzegovina. Furthermore, it held documents con... Prime Minister said he was anxious that Commanders-in-Chief shou... said Jean Papagni, a spokeswoman for a shredder manu...

the First World War with a view to baptizing some of them posthumously into the unorthodox sect. The Church of Jesus Christ of L...

explorers in and outside the continent from pre-Islamic times up to the present day – discoverers, missionaries and local clergy. f...

last century; motion pictures of historical events since 1898; still photographs giving the history of the destruction in former Yugoslavia. Eerie television pictu...

pulling stone from stone. Yet all these losses pale in comparison with ... only a few centuries ago. But even such a 'close' civilization has...

alphabet is the vestige of a Norse civilization which died out only a ... Japanese and Chinese classic literature. **| Sun Nov 12 11:00:09**

terial published by government agencies during the Meiji Era, Japa... Dept of Archives and History insures its collection for the cost...

cteristic. **| Thu May 28 09:57:35 1998, Archive Insurance**: The Dep... Museum in A.D. 273 a good many masterworks were lost, but th...

when the soldiers of Emperor Aurelian burned the library of the Mu... ...ality at one tenth of all they send out and so allots them under 1...

ect for innumerable repeats, our best source puts their originality ... System for near-line data storage. The Data Migration Facility...

nter utilizes a Storage Technology Automated Tape Cartridge Syst... (1305-76) and the time of the Schism, together with the adminis...

collected by the Avignon obedience during the Avignon exile (130... island in Venice far from the noises of the wars, during its 200 y...

quering force of the printed book. St. Lazzaro, being a small islan... es involved. They were also invited to indicate in shelf metres...

ther form e.g. facsimile or microforms) of parts of the archives in... 25 centimeters by some 7 to 10 meters in length which means t...

barely 5 centimeters wide, most of the volumina measured 25 ce... nquiry on the spot. You want command of all the information v...

ke all your data readily available, so you can resolve every inqui... 90,000 microfilmed manuscripts. The bulk of the collection co...

64; the Hill Monastic Manuscript Library has acquired over 90,00... near the end of an document's life, but rather an ongoing pr...

r preservation in digital form is not a one-time choice made nea... **Damage in the United Kingdom**: Register of Sasines, 1-24%...

who they're talking to. **| Tue May 19 11:04:01 1998, Archive Da...** reports, published materials, and a typescript memoir docu...

spondence, photographs, school records, news clippings, rep... omponent. Today's digital media should be handled wi...

ccess system -- a chain is only as strong as its weakest comp... y marking the opening of an exhibit a...

ill be planted in Lee Plaza Thursday as part of a ceremony mar... bit about the proce...

rs. To understand this problem we have to explain a little bit a...

he 465,000 rolls of microfilm, including 80,000 rolls of federat...

t. As the basement experienced some flo...

e turn of the century, the...

e outsid...

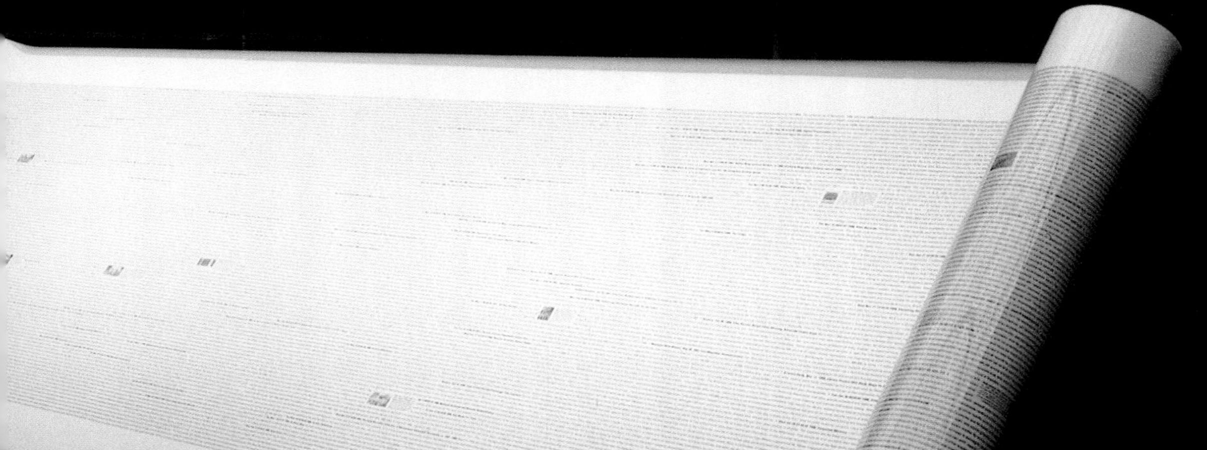

Eine automatische Schreib- und Rezitiermaschine befindet sich in einem abgedunkelten, schwarzen Raum. Man betritt eine dreidimensionale Daten-Architektur, in welcher der Vorgang des Suchens, des Ordnens und des Ortens von Wörtern sowie die sich überschneidenden zwischentextlichen Informationsverbindungen optisch durch Transparenz und Vielschichtigkeit verbildlicht werden. Auf ein kaum sichtbares, zylinderförmiges Netz werden mehrere transparente Schichten kontinuierlich fließender Daten projiziert, die in der Mitte des Raumes zu schweben scheinen, und dessen Umrisse mit Textlandschaften beschriften.

Zwei Computer suchen und lokalisieren nach dem Zufallsprinzip Tausende von Wörtern auf einer endlosen virtuellen Buchseite mit biografischen Informationen. Wenn ein Wort gefunden wurde, wird es sichtbar markiert und von einer männlichen oder weiblichen Stimme laut gesprochen. Die Stimmen überkreuzen sich zeitlich und treten so in einen Dialog. Der Betrachter partizipiert an einer Dekonstruktion von Geschichte durch das nicht lineare und assoziative Lesen vergessener archivalischer Bruchstücke.

Texte aus: *Who's Who in Central & East Europe 1933* (Datenbank)

Aus dem Amerikanischen von Ernest W. Uthemann

An automated writing and recitation machine is found in a darkened black space. One enters a three dimensional data architecture where the process of searching, sorting and locating words and the overlapping inter-textual linkages of information are simulated optically by metaphors of transparence and complexity. Projected onto a barely visible cylindrical screen are multiple transparent layers of continually flowing historical data, which appear to be suspended in the center of the space, and which delineate the room contours with textual landscapes.

Two computers randomly search and locate thousands of words within an endless virtual page of biographical information in real time. As each word is found, it is highlighted visually and spoken out loud by a male or female voice. The voices gradually cross each other in time, creating a dialog. The viewer participates in a deconstruction of history through a non-linear and associational reading of forgotten archival fragments.

Texts from: *Who's Who in Central & East Europe 1933* (database)

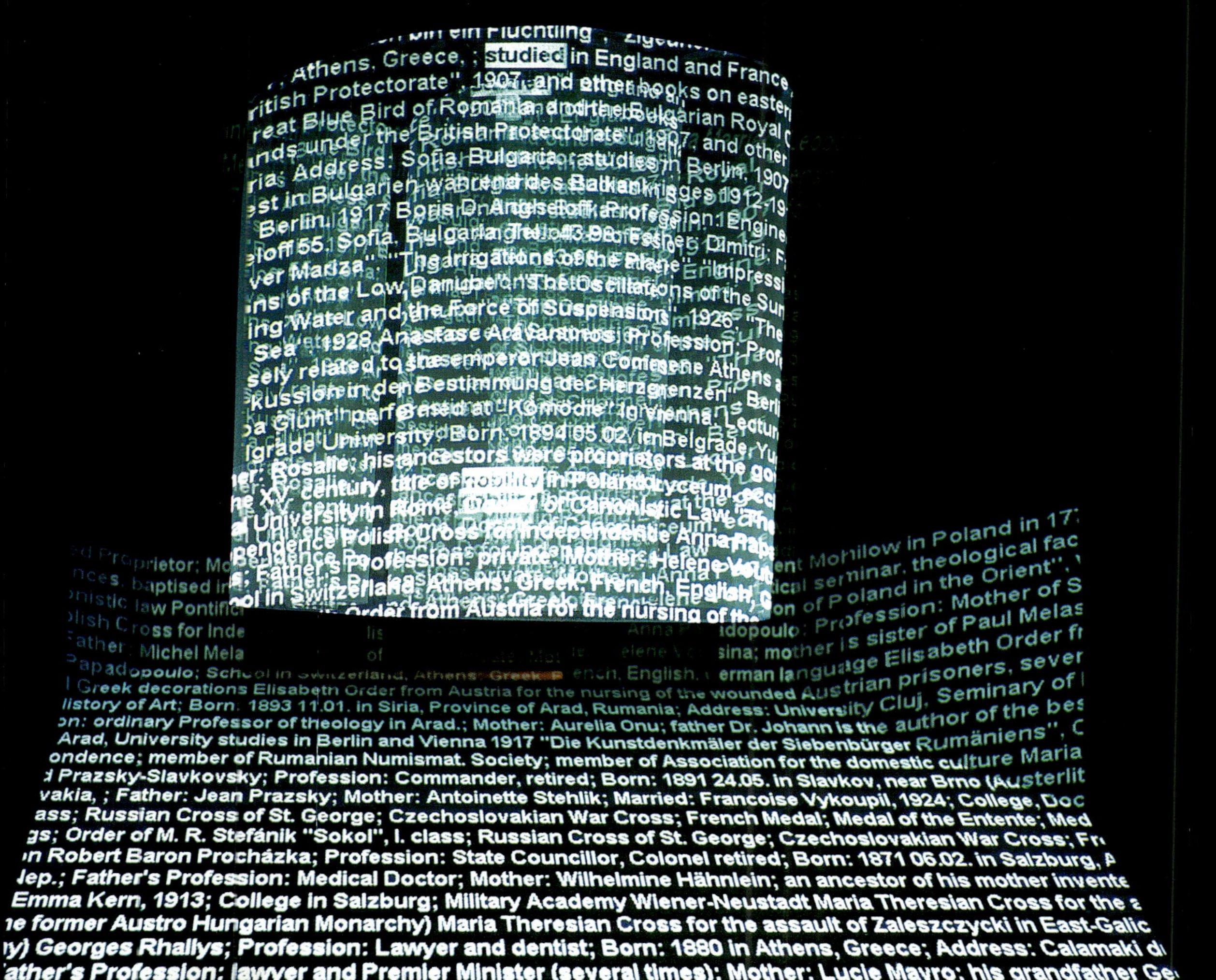

ed Proprietor; Mo... ent Mohilow in Poland in 17...
nces, baptised in... medical seminar, theological fac...
onistic law Pontific... of Poland in the Orient"...
olish Cross for Inde... Profession: Mother of S...
Father: Michel Mela... Anna P. Vlodopoulo; mother is sister of Paul Melas...
Papadopoulo; School in Switzerland, Athens; Greek P... English, German language Elisabeth Order fr...
l Greek decorations Elisabeth Order from Austria for the nursing of the wounded Austrian prisoners, sever...
History of Art; Born: 1893 11.01. in Siria, Province of Arad, Rumania; Address: University Cluj, Seminary of...
on: ordinary Professor of theology in Arad.; Mother: Aurelia Onu; father Dr. Johann is the author of the bes...
Arad, University studies in Berlin and Vienna 1917 "Die Kunstdenkmäler der Siebenbürger Rumäniens", C...
ondence; member of Rumanian Numismat. Society; member of Association for the domestic culture Maria...
d Prazsky-Slavkovsky; Profession: Commander, retired; Born: 1891 24.05. in Slavkov, near Brno (Austerlit...
vakia, ; Father: Jean Prazsky; Mother: Antoinette Stehlik; Married: Francoise Vykoupil, 1924; College, Doc...
ass; Russian Cross of St. George; Czechoslovakian War Cross; French Medal; Medal of the Entente; Med...
gs; Order of M. R. Stefánik "Sokol", I. class; Russian Cross of St. George; Czechoslovakian War Cross; Fr...
n Robert Baron Procházka; Profession: State Councillor, Colonel retired; Born: 1871 06.02. in Salzburg, A...
Jep.; Father's Profession: Medical Doctor; Mother: Wilhelmine Hähnlein; an ancestor of his mother invente...
Emma Kern, 1913; College in Salzburg; Military Academy Wiener-Neustadt Maria Theresian Cross for the a...
ne former Austro Hungarian Monarchy) Maria Theresian Cross for the assault of Zaleszczycki in East-Galic...
y) Georges Rhallys; Profession: Lawyer and dentist; Born: 1880 in Athens, Greece; Address: Calamaki di...
ather's Profession: lawyer and Premier Minister (several times); Mother: Lucie Mavro; his grandfather Ge...

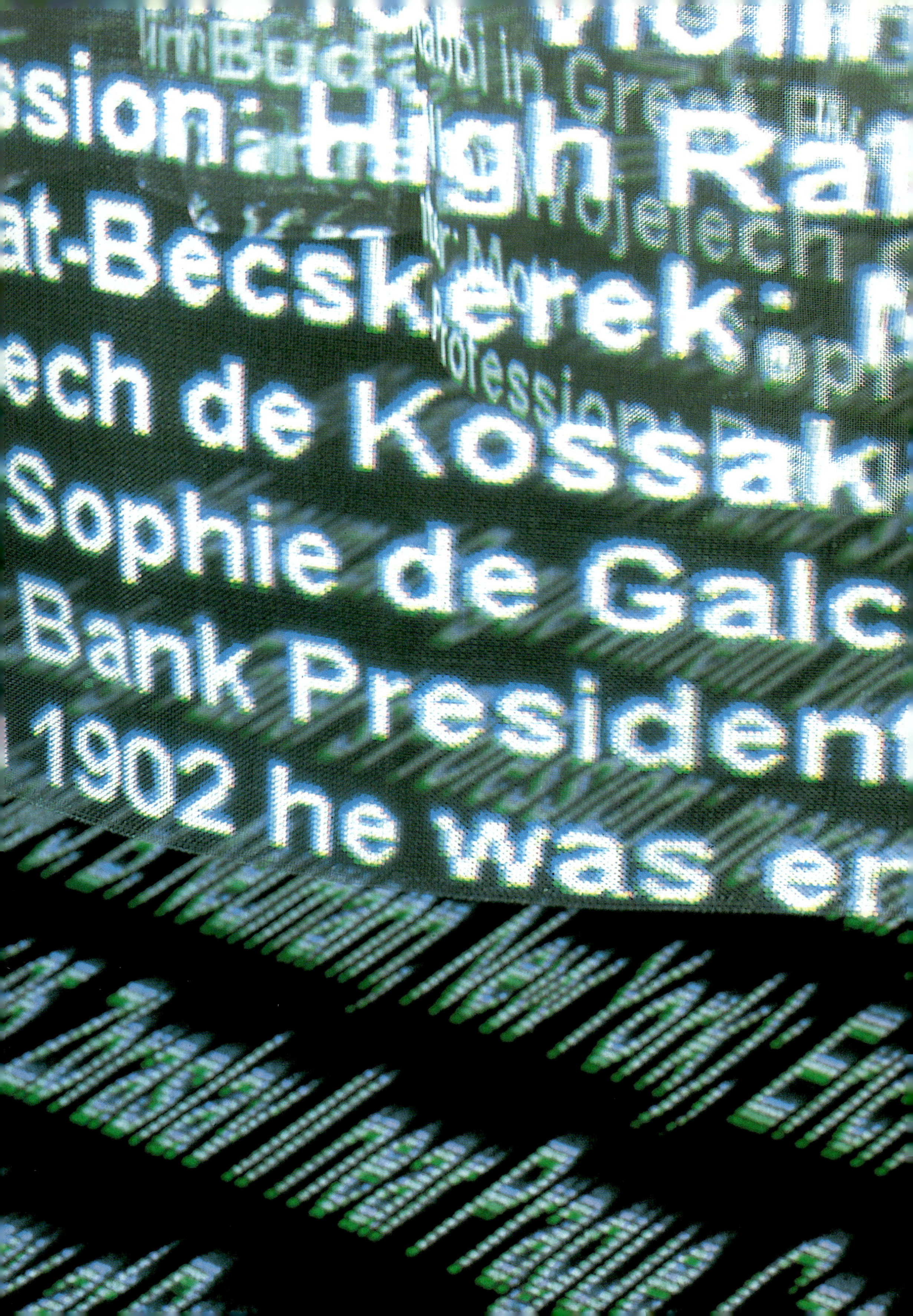

ssion: High Ra
at-Becskerek:
ech de Kossak
Sophie de Galc
Bank President
1902 he was er

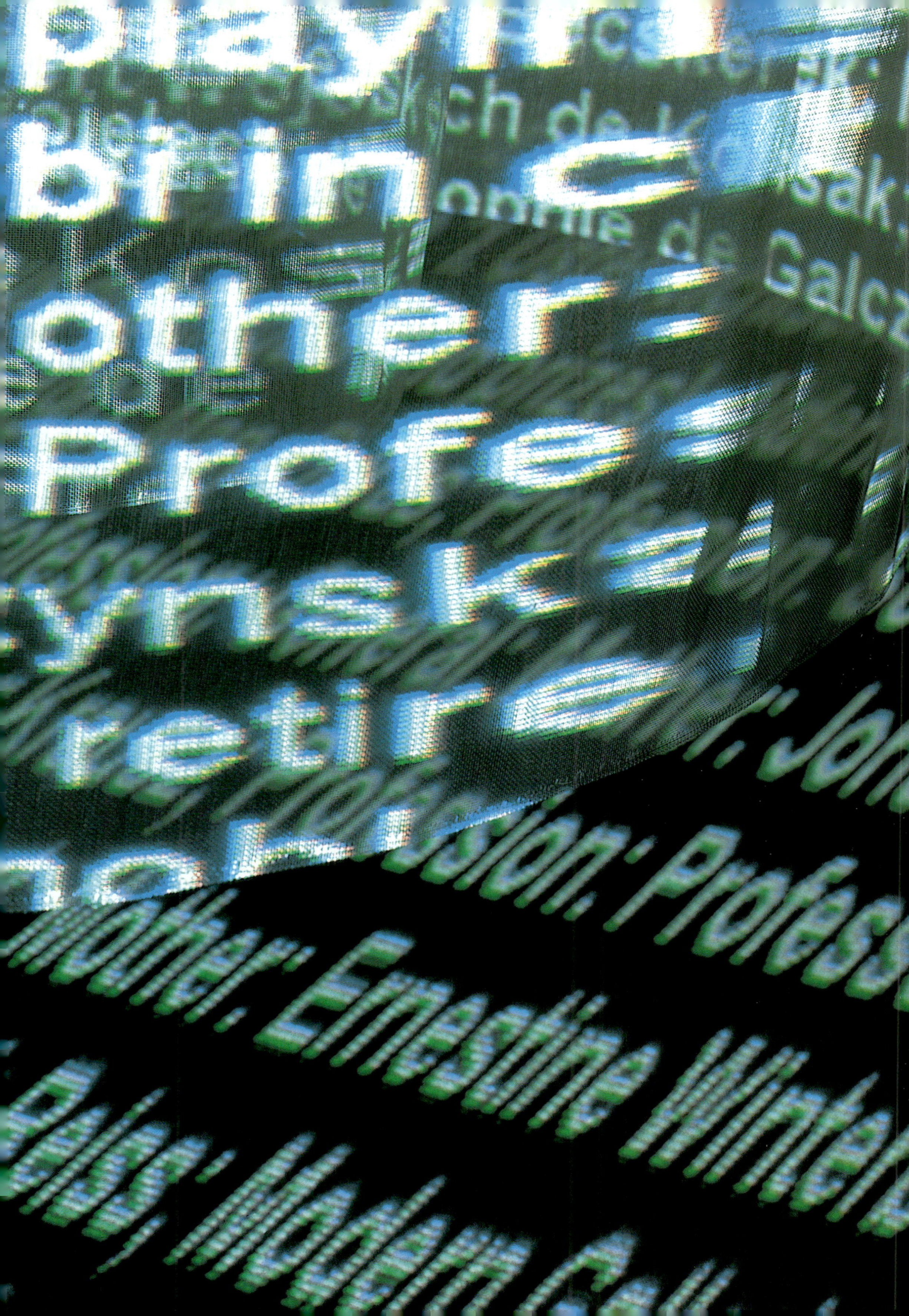

Ein historischer Hypertext wird zu einem dreidimensionalen Bild. Ein schwarzer Kasten wird von vier horizontal liegenden Glasscheiben unterteilt, die über und über mit Schichten fein gedruckter Texte beschrieben sind. Die Textschichten, deren Inhalte aus Zehntausenden biografischer Fragmente zusammengesetzt sind, werden von unten ausgeleuchtet.

Beim Blick in dieses Meer von Informationen hat man das Gefühl, in einen bodenlosen Brunnen zu schauen, dessen Tiefe mit mehreren Ebenen schwimmender oder schwebender Texte angefüllt ist. Sobald das Auge ein beliebiges Textfragment auf einer beliebigen Ebene fokussiert, verschwimmen die anderen Textebenen, werden unscharf und unleserlich. Während die Aufmerksamkeit zu einer weit entfernten oder näher gelegenen Textstelle schweift, sind unsere Augen ständig damit befasst, die inhaltlich aufeinander bezogenen oder nicht zusammenhängenden Namen oder Satzteile, die wir isoliert betrachten oder in Verbindung setzen, zu fokussieren. Für einen kurzen Moment wird ein Staubkorn, das Vorder- und Hintergrund voneinander trennt, in unser Gesichtsfeld gewirbelt, um sich dann allmählich im Meer unseres kollektiven Gedächtnisses zu verlieren. Dem Großen Archiv liegt die Idee zu Grunde, in drei Dimensionen einen Hypertext als metaphorischen Raum zu erleben, der in verdichteter Form eine Datenbank der gesamten Menschheit enthält.

Texte aus: *Who's Who in Central & East Europe 1933* (Datenbank)

Aus dem Amerikanischen von Berthold Schmitt

A historical hypertext becomes a three-dimensional image. A black box is divided by four lateral sheets of glass inscribed from edge to edge with layers of finely printed texts. The text layers are illuminated from below. The texts are reconstructed from tens of thousands of biographical fragments.

As one peers into this sea of information, it is as if one stares into a bottomless well filled with multiple levels of floating texts in depth. One focuses one's eyes on any given text fragment on a given level, as the other text levels defocus and blur, becoming illegible. One's attention might wander to a remote or nearby fragment, our eyes continually refocusing as we isolate and connect a related or unrelated name or phrase. A grain of sand is propelled into our field of vision for a single moment, separating foreground from background, only to vanish gradually into the collective ocean of memory. The intention is to realize, in three dimensions, a hypertext as a metaphorical space which contains in compressed form a database of all mankind.

Texts from: *Who's Who in Central & East Europe 1933* (database)

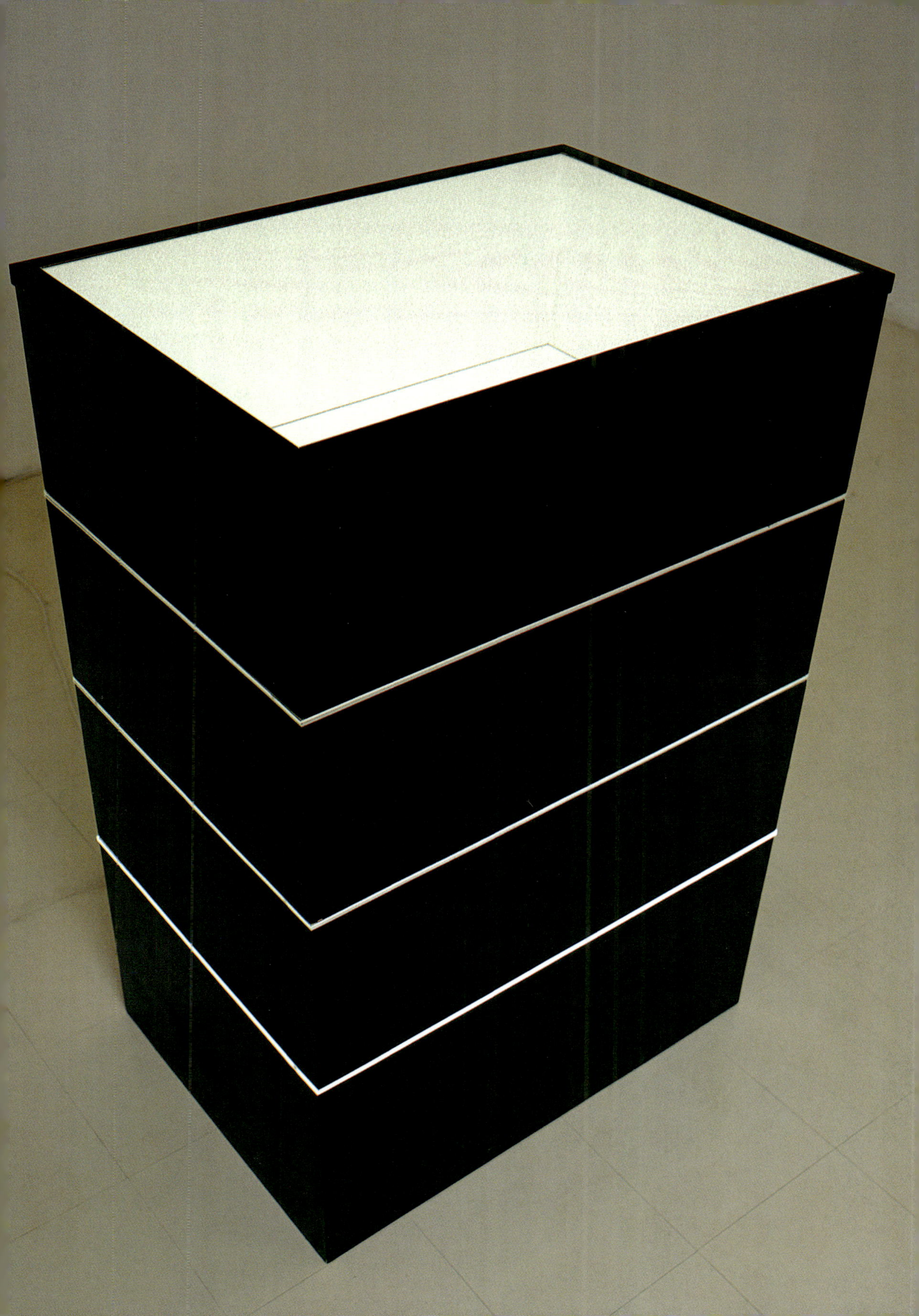

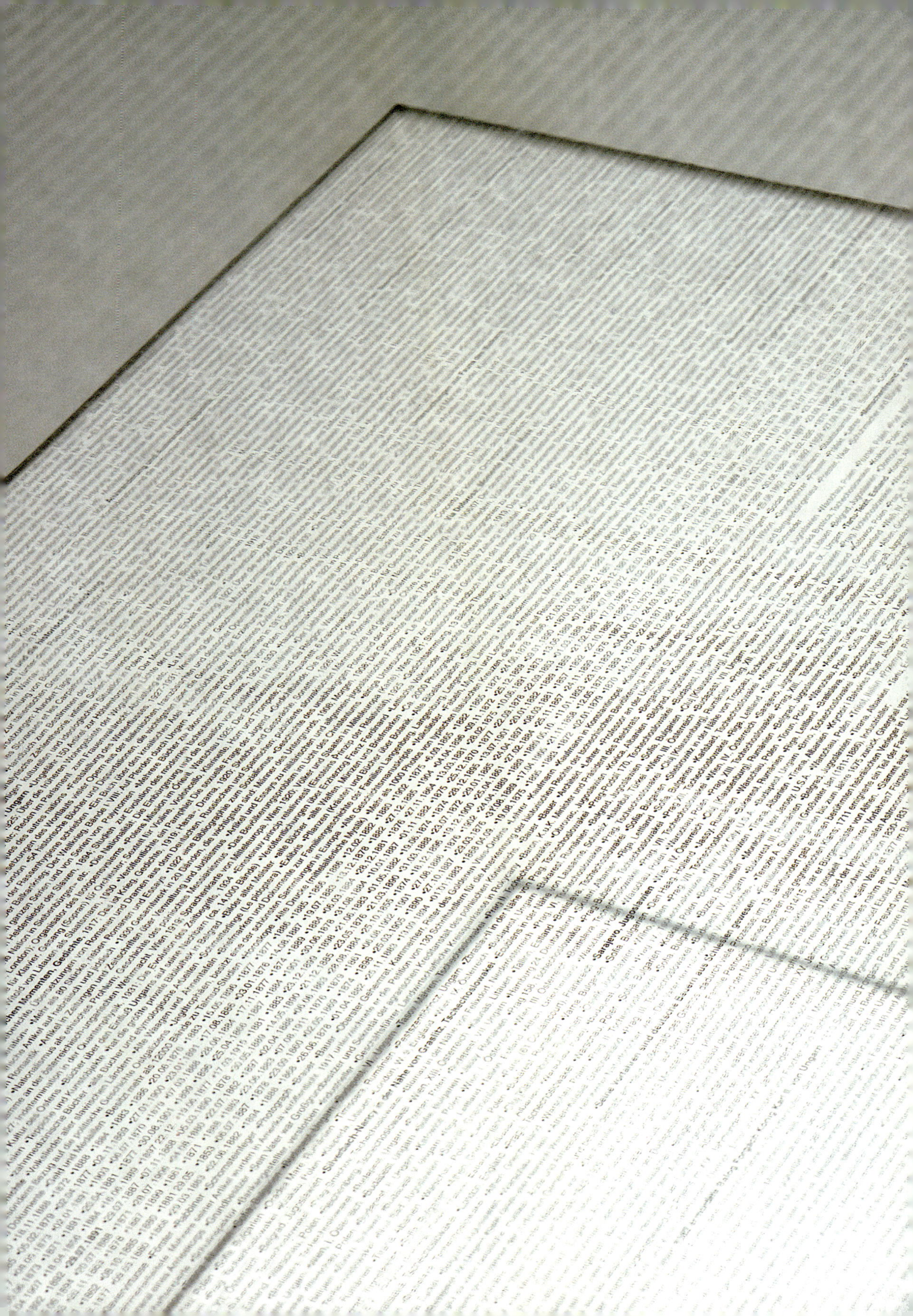

Die Doppelinstallation *T-Mail* und *T-Docs* wird in einem langen schmalen Raum gezeigt. 1.000 Dokumente sind in einen Datenträger eingebracht und berichten vom Leben des T. (geb. 1879 in Paks, Ungarn; gest. 1943 in Schanghai, China), einer vergessenen historischen Figur aus Zentraleuropa, die in zahlreichen Identitäten in drei Kontinenten (Europa, Nordamerika und Asien) erscheint und mit vielen der wichtigsten Ereignisse der Vorkriegszeit in Verbindung steht. Die Arbeit entstand aus einer größeren Sammlung von über 4.000 nachrichtendienstlichen Dokumenten aus Staatsarchiven in Europa und Nordamerika aus der Zeit zwischen den Kriegen.

Die Sammlung umfasst tägliche Berichte und Korrespondenzen aus der Zeit zwischen 1915 und 1943, die ein riesiges Kommunikationsnetz bilden, in denen die offiziellen Aufzeichnungen und Beobachtungen über ein Individuum mit historischen Ereignissen, internationalen Persönlichkeiten und geografischen Orten in Beziehung treten.

In *T-Docs* wurden 84 originale Dokumente digitalisiert und nachgeahmt, indem sie mit eigens entwickelten Techniken auf die Rückseiten ostdeutscher Archivalien aus der Nachkriegszeit gedruckt wurden, wodurch die Frage sowohl nach der Identität der Person wie auch nach der Authentizität der Dokumente selbst aufgeworfen wird.

The double installation *T-Mail* and *T-Docs* is exhibited in a long corridor. One thousand documents have been entered into a database which reports the life of T., (born 1879 Paks, Hungary; died 1943 Shanghai, China), a forgotten Central European historical figure whose multiple identities span three continents (Europe, North America and Asia) and touch on many of the most

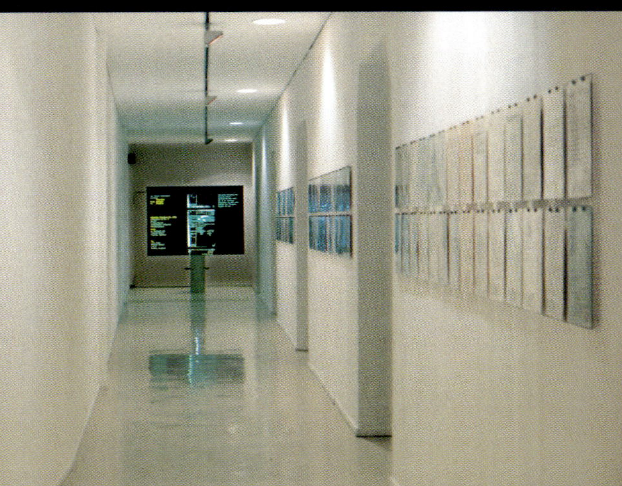

important events of the pre-war period. The work is derived from a larger collection of over 4,000 intelligence documents from State Archives in Europe and North America from the inter-war period.

The collection contains daily reports and correspondences between 1915 and 1943, forming a vast communication network in which the official traces and observations of the individual are cross-referenced to historical events, international personalities and geographic locations.

In *T-Docs* 84 original archive documents have been digitized and faked by specially developed printing techniques applied to the reverse side of postwar East German archival pages, posing

All T-mail Documents:
Previous
                1/18/1922   8/18/34
    From: WashYoRkC.   Shanghai
    To: WashYoDkC.   Shanghai

    From: Shanghai
    To: Shanghai
                1/18/3928

Friday, October 14, 1927
Shanghai Municipal police
T
Report
I.O.5607
Police Report

From:
John Cook
Temp. Cler. Asst. Shanghai
Municipal Police. Central I.O.
Station.
Shanghai, China

To:
Esq., M.B.E. W. G. Clarke
Director of Criminal Intelligence,
Shanghai Municipal Police
Shanghai, China

The S.S.. "COBLENZ" by
which Ignatius T was
reported to have left
Hongkong for Tientsin
[ ] in Shanghai on
October 2, but T was
not a passenger.
Careful enquiries to
locate T in Shanghai
show that he has not
arrived here

John Cook...
RWY. 14.10.192

Found: 'arrived'

arrived in Shanghai [illegible]

Im interaktiven Display von *T-Mail* werden Dokumente nach dem Zufallsprinzip aus dem Datenträger ausgewählt, ein Scan des nächsten Dokuments schiebt sich allmählich ins Blickfeld, verschiedene Themenkategorien und Querverbindungen werden aktiviert. Die geschriebenen Texte ertönen gleichzeitig als Morsezeichen in fünf verschiedenen Sinuswellenfrequenzen, die je nach Abschnitt wechseln.

Texte aus: The Public Record Office and The British Library, London; The National Archives, Washington, D. C.; Bundesarchiv Koblenz; Politisches Archiv des Auswärtigen Amts, Bonn; etc.

Aus dem Amerikanischen von Ernest W. Uthemann

questions about the identity of both the subject's personality and the authenticity of the documents themselves.

In the interactive display of *T-Mail* new documents are chosen randomly from the database, a scan of the next document gradually slides into view as various thematic categories and cross-links are activated. Text writings are simultaneously emitted sonically as morse code, in five different sine wave frequencies which change with consecutive paragraphs.

Texts from: The Public Record Office and The British Library, London; The National Archives, Washington, D. C.; Bundesarchiv Koblenz; Politisches Archiv des Auswärtigen Amts, Bonn; etc.

Lahl, Ditta Eugenio, Genoa,
    Casella Postale 292,
Cables: Kuglahel Genua.
Miss A. Lowry,
    22, Chek Piang off Scott Road, Sh'hai.
20/Oct'25   2522- W. Valley, Kuling, Kiangsu.
Mrs. C.B. Lourensz,
    Mercantile Bank of India, Colombo, Ceylon
Language School in Peking,
    40a Yua Sou Huin, in Totiao Hutung
        Four( ) Paliao.
Leys, James Farquharson, Jr.
    27 West 44th, N. Y. City.
Move 28-34
Miller, or Bruno, Berlin W. 62,
    Schillstr. 15.I
(Maurer, 2 Schneider, Warenburg.)
    Secret name for Miller)
Herman Lubetkin, Lawyer, New York,
    347 Fifth Ave.
        "M"
Medve Nikolaus v.
    V. Nagy Korona u. 19
Mussolini, Director
    "Popolo d'Italia"
    Via Paulo Da Cannobio 25,
        Mailand.
Muzet Cupl. 54,000
    Theresiemumgasse 4.II
Mantuer M.T. Raeckerstr. 18,
    Tel.35-56 Wien.
Mrs. McWinter,
    73 Devonshire Rd.
        Forest Hill, London.
Mezay Ferenez Katona
    Jonsef u. 26Rutthaynal, Bpest.

425. Adressenliste von "T" 20.1.34
    (beschlagnahmt in Shanghai)

5607 I.O. Polizeibericht 14.11.29 Shanghai

Copy of cable sent by - 17 - ...... (Chao Kung)
to His Majesty the King, dated 7th June, 1934.

His Majesty

London

Last Christmas Your Majesty addressed whole British Empire
appealing for sanity patience good-will cabling from Shanghai
twentyseventh December to Your Majesty humbly requested
extension of that aamity goodwill to me yet when arriving
England recently as Leader first Buddhist Mission from China
was treated with violence injustice now appeal to Your Majesty's
justice benevolence for swift rectification of treatment
Liverpool have been Your Majesty's loyal subject until by injustice keenly felt was led into vindictiveness but ever since
Buddhist past nine years forsook vindictiveness and tried by all
honourable means make amends effect peace but unceasing vindictiveness spitefulness hatred prevailing London prevented this
fervently appeal to Your Majesty not permit Your name authori-
ty be abused by revengeful individuals hiding behind anonymity
for ignoble purposes and hopeless undertaking crush silence me
peaceful inoffensive individual whom they calumnied beyond
comprehension during nineteen years humbly request permission
return immediately London upholding thus justice fairplay and
rectifying very grave wrong inflicted on me during nineteen year
and culminating in wholly wanton imprisonment Liverpool which

214. Telegramm "T" an Seine Majestät, den König. 7.6.34 Peking
"... erbitte unterthänigst die Genehmigung, sofort nach London zu-
rückzukehren zwecks Aufrechterhaltung von Gerechtigkeit und
Fairness sowie der Widergutmachung eines schwerwiegenden Unrechts,
das mir 19 Jahre lang zugefügt wurde und in einer gänzlich
mutwilligen Inhaftierung in Liverpool kulminierte. Es ist dies
eine provokative Beleidigung und eine Herausforderung an China,
das mich und 2 Millionen Buddhisten, die vollkommen hinter mir
stehen, durch Asien schickte. All jene werden Ihrer Majestät
dankbare Grüße senden für Ihre Intervention im Namen der Wahr-
heit, der Gerechtigkeit, der Freundlichkeit, der Vergebung und
des Verzeihens...."

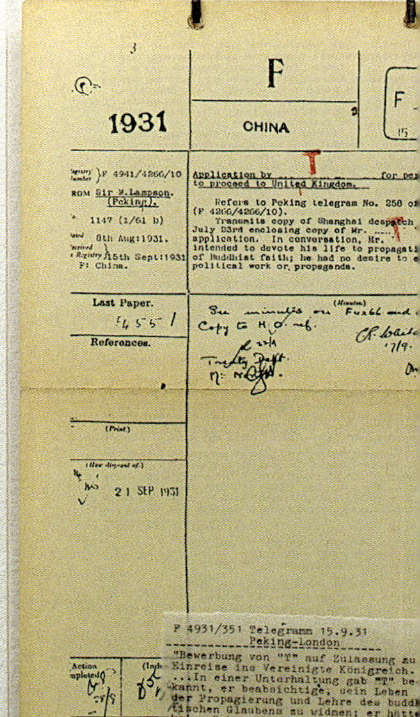

3

F

1931   CHINA

F 4941/4266/10
ROM Sir W.Lampson.
    (Peking).
1147 (1/61 D)
8th Aug:1931.
Registry 15th Sept:1931
F: China.

Application by ...... for per[mission]
to proceed to United Kingdom.

Refers to Peking telegram No. 258 of
(F 4266/4266/10).
Transmits copy of Shanghai despatch
July 23rd enclosing copy of Mr. ......
application. In conversation, Mr. ...
intended to devote his life to propagation
of Buddhist faith; he had no desire to e...
political work or propaganda.

Last Paper.
    £ 455-1
References.

See minutes on Fuxhhl and...
Copy to H.O. ref.
Treaty Deptt.
n: ...

21 SEP 1931

Action completed
Next Paper.

F 4931/351 Telegramm 15.9.31
    Peking-London
"Bewerbung von "T" auf Zulassung zur
Einreise ins Vereinigte Königreich.
...In einer Unterhaltung gab "T" bekannt, er beabsichtige, sein Leben
der Propagierung und Lehre des buddh-
istischen Glaubens zu widmen; er hätte
keine Sehnsucht danach, sich in poli-
tischer Arbeit oder Propaganda zu
engagieren."

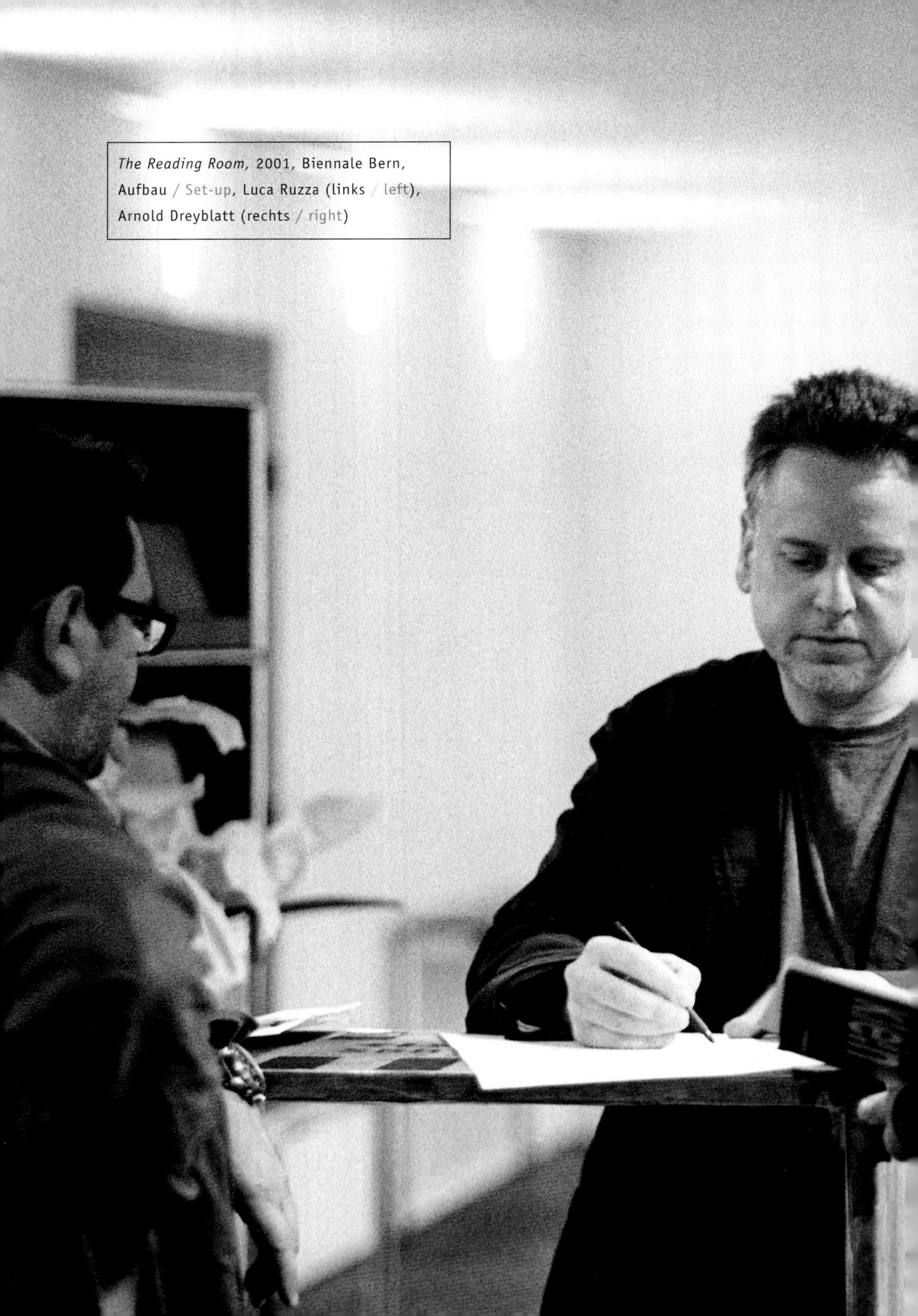

The Reading Room, 2001, Biennale Bern,
Aufbau / Set-up, Luca Ruzza (links / left),
Arnold Dreyblatt (rechts / right)

»Ohne die Gegenwart der Vergangenheit haben wir kein Bewusstsein.«
Ein Interview mit Arnold Dreyblatt

Wie sehen Ihre künstlerischen Anfänge aus, wo haben Sie studiert? Als Undergraduate studierte ich zunächst Literaturwissenschaft bei Irving J. Weiss, der mich mit den Ideen von McLuhan und Cage vertraut machte. Danach setzte ich mein Studium am Center for Media Study in Buffalo, New York, fort, das wahrscheinlich weltweit eines der ersten Institute für Neue Medien war, und konzentrierte mich dort bei Woody und Steina Vasulka, die in New York »The Kitchen« gegründet hatten, auf Videokunst. Das Umfeld in Buffalo war sehr produktiv, denn es fand dort ein interdisziplinärer Diskurs zwischen den elektronischen Künsten statt, zu denen Video, Experimentalfilm und Tonkunst zählten. Außerdem gab es dort den Kunst-Raum »Hallwalls«, den Robert Longo und Cindy Sherman gegründet hatten. Die musikalische Fakultät wurde von Morton Feldman geleitet, und die »Creative Associates«, ein Programm dieser Fakultät, war bekannt dafür, dass es Gastkomponisten und -interpreten aus der ganzen Welt einlud.

Sie haben also zuerst mehr im Video- bzw. Filmbereich gearbeitet? Die Arbeiten, die ich Mitte der 1970er-Jahre in Buffalo machte, waren vor allem elektronisch produzierte Stroboskopbilder. Es war daher ganz normal, dass ich mich für »Flicker«-Videos zu interessieren begann; erst später lernte ich die frühen stroboskopischen Film-Arbeiten kennen, die Tony Conrad und Peter Kubelka entwickelt hatten. Aufgrund meiner Arbeit mit

How did you get started as an artist, where did you study? As an undergraduate I began my studies in literature with Irving J. Weiss, who introduced me to the ideas of McLuhan and Cage. I then continued studies at what was probably one of the world's first institutes of new media – the Center for Media Study in Buffalo, New York, where I concentrated on video art with Woody and Steina Vasulka, the founders of »The Kitchen« in New York. It was a very productive environment in Buffalo, with an interdisciplinary discourse in electronic arts, which included video, experimental film and sound. There was also an art space, »Hallwalls,« founded by Robert Longo and Cindy Sherman. The music department at the university was directed by Morton Feldman, and the »Creative Associates«, a program of the music department, was famous for inviting visiting composers and performers from around the world.

»Without the presence of the past, we are without consciousness.«
An Interview with Arnold Dreyblatt

So at first you concentrated more on video and film? The works that I produced in Buffalo in the mid 1970s were mostly electronically produced stroboscopic images. I came upon an interest in »flicker« video somewhat naturally, and I was only later introduced to the early work in stroboscopic film developed by Tony Conrad and Peter Kubelka. Through my work with periodic perceptual experiments, I gradually became more interested in the

periodischen Wahrnehmungsexperimenten begann ich mich allmählich mehr für die physische Beschaffenheit des Klangs, für die Akustik zu interessieren, zunächst in einer Art Parallele zu meiner Arbeit mit elektronischen Bildern. Unter dem Einfluss Woody Vasulkas begriff ich, dass wir, egal ob im Ton- oder im Videobereich, mit der Sprache der Elektronen – Wellen usw. – arbeiten, und so kam es, dass ich mich allmählich mehr für Klang und dadurch auch für Musik zu interessieren begann. Gleichzeitig nahm ich an zwei Sommerseminaren mit John Cage, Morton Feldman, Pauline Oliveros und Joel Chadabe teil und zog danach wieder zurück nach New York City, wo ich einige Jahre studierte und der Assistent La Monte Youngs war. Später studierte ich dann an der Wesleyan University bei Alvin Lucier. Meine Arbeit als unabhängiger Komponist begann in den späten 1970er-Jahren, und um '79 gründete ich mein erstes Ensemble, »The Orchestra of Excited Strings«. Es war ein Streicherensemble, für das ich ein eigenes Tuning-System, eine Reihe neuer Instrumente und verschiedene Aufführungstechniken entwickelt habe. Bis heute ist das Kom-

Lapse, 1976, Video Still

physical nature of sound, in acoustics, first as a kind of parallel to my work with electronic images. Through the influence of Woody Vasulka, I understood that we were working with the language of electrons, waves and so forth, whether in sound or in video, and I gradually became more interested in sound, and thereby in music. At the same time I took part in two summer seminars with John Cage, Morton Feldman, Pauline Oliveros and Joel Chadabe and then moved back to New York City and began some years of study and as an assistant to La Monte Young. I later studied at Wesleyan University with Alvin Lucier. My work as an independent composer began in the late 1970s, and around '79 I founded my first music ensemble »The Orchestra of Excited Strings«. It was an acoustic string ensemble for which I developed a system of tuning, a set of new instruments and various performance techniques. Music composition has remained a parallel activity to my other interests to this day.

You came to Europe in the early 1980's and have lived in Berlin for almost 20 years now. Did the transition from the New to the Old World affect your work in terms of content? Through the 1980's I spent almost a third of each year traveling in Eastern Europe, often based in Budapest. I was fascinated by an almost geological sense of historical layering, migrations, population exchanges and shifting borders. There's the cliché of the superficial American with too shallow a historical consciousness, as opposed to the

ponieren für mich eine Aktivität geblieben, der ich parallel zu meinen anderen Interessen nachgehe.

Anfang der 1980er-Jahre sind Sie nach Europa gekommen und leben inzwischen seit fast 20 Jahren in Berlin. Hatte dieser Wechsel von der Neuen in die Alte Welt inhaltliche Konsequenzen für Ihre Arbeit? Während der 1980er-Jahre verbrachte ich fast ein Drittel eines jeden Jahres damit, von Budapest aus durch Osteuropa zu reisen. Ich war fasziniert von einem fast geologisch zu nennenden Gefühl historischer Schichtungen, Migrationen, Bevölkerungswechsel und Grenzverschiebungen. Es gibt ja dieses Klischee des oberflächlichen Amerikaners mit dem kaum ausgeprägten historischen Bewusstsein im Gegensatz zu dem europäischen Gespür für die Bürde bzw. das Gewicht der Geschichte: zu viel Geschichte hier, zu wenig dort. Der Gegensatz war interessant für mich, denn als Amerikaner empfinde ich nicht dieselben Verpflichtungen, nicht dieselbe Loyalität und auch nicht den selben Respekt. Es kann sein, dass ich mir in den ersten Jahren, in denen ich meine Projekte entwickelte, die sich mit der Erinnerung auseinander setzen, einfach die Freiheit nahm, die Geschichte in einem »Burroughs'schen« Sinne zu »zerschneiden«, sie in Stücke zu hauen und sie dann wieder neu zusammenzusetzen, sie sozusagen unter dem Mikroskop zu betrachten. Ich traf hier mit dem fehlenden Respekt eines Amerikaners ein, was mir gewisse methodische Vorgehensweisen ermöglichte, die einem Europäer nicht zur Verfügung stehen.

Who's Who in Central & East Europe 1933,
Probe / Rehearsal, Berlin, 1991
von links nach rechts / left to right:
Arnold Dreyblatt, Werner Hennrich, Jan Faktor

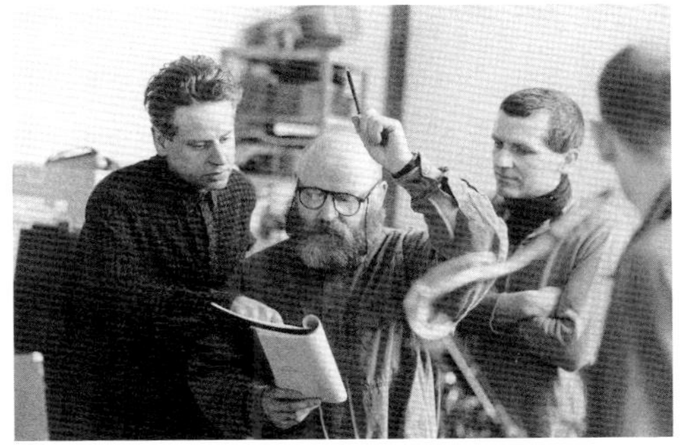

European sense of the burden or the weight of history. Too much history as opposed to too little. The contrast was interesting to me, because as an American, I don't have the same obligations, loyalties or respect. It can be that in the early years of developing my projects dealing with »Memory«, I arrived with a permit to »cut up« history in a »Burroughsian« sense, chop it into pieces and put it back together, to look at it under the microscope, if you will. I arrived with the irreverence of an American, which allowed certain methodologies which are unavailable to a European.

In your Memory-Projects of the 1990's, you explore the subject 'memory' and European history. European history being mainly in the form of biographical documents you collected from archives, among other places. Does history, from your point of view, mediate itself primarily through biographies? Obviously I'm interested in the ways in which the biographical details meet, the collected events of history, the lost de-

In Ihren Memory-Projekten, die in den 1990er-Jahren entstanden sind, setzen Sie sich mit dem Thema »Erinnerung« und mit europäischer Geschichte vor allem in Form von biografischen Dokumenten, die Sie in Archiven und anderen Orten gesammelt haben, auseinander. Vermittelt sich Geschichte für Sie in erster Linie durch Biografien? Natürlich interessiere ich mich dafür, wie die biografischen Details zusammenhängen, die gesammelten Ereignisse der Geschichte, die verloren gegangenen Einzelheiten, das private und das kollektive Gedächtnis. Es gab eine Debatte zwischen Historikern, vor allem in Frankreich, etwa Fernand Braudel, oder Carlo Ginzburg in Italien, die sich mit der marginalen Geschichte beschäftigt haben, mit jenen Persönlichkeiten und Fakten, die in der offiziellen Geschichtsschreibung kaum Beachtung fanden. Was mich interessiert ist die Fragmentierung, das Unvollständige, das »Zwischen den Zeilen« und die unbeantworteten Fragen, die die individuellen Schicksale kennzeichnen. Ich präsentiere diese Schicksale nie, ich lasse das offen. In einem biografischen Nachschlagewerk leben die Menschen noch: Wenn man stirbt, verschwindet man aus dem Buch. Ich habe mich dafür entschieden, nicht mit der Fiktion, sondern lieber mit historischem Material zu arbeiten, mit Originalquellen, wie sie sich in Archiven finden. Dieses

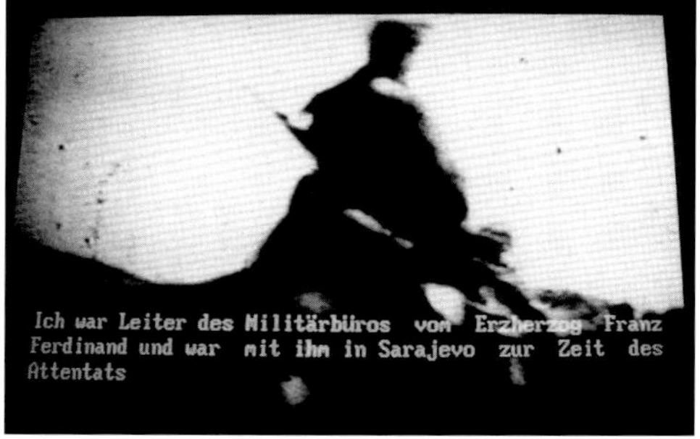

Who's Who in Central & East Europe 1933, Projektion / Projection

tails, the private and collective memory. There's been a discussion among historians, especially in France, such as Fernand Braudel, or Carlo Ginsburg in Italy, who have been looking at what one might call the marginal histories, the personalities and the facts which are left out of the official histories. Actually it's the fragmentation which interests me, the incompleteness, the »between the lines« and the unanswered questions which mark the individual destinies. I never present their destinies, I leave that open. In a biographical dictionary, the persons are still living; when you die you exit the book. I've made a choice not to work with fiction but rather with historical material, original source material as it is found in the archives. This material often tells us more about absence, about what is missing and lost than about what is actually present.

In 1985 you came across a book in a used bookshop in Istanbul which has since become your artistic obsession, the *Who's Who in Central & East Europe 1933*. What does this book, which all your Memory-Projects »center« around, mean to you? From the beginning I considered the book as a kind of canonical work, a bible, to which one cannot add or subtract. The book contains 10,000 biographies which were clearly written by the subjects themselves, even if they were written in the third person. Most of these

Material teilt uns häufig mehr über Absenz mit, über das, was fehlt und verschollen ist, als über das, was tatsächlich da ist.

1985 haben Sie in einem Antiquariat in Istanbul ein Buch entdeckt, das zu Ihrer künstlerischen Obsession geworden ist, das *Who's Who in Central & East Europe 1933*. Welche Bedeutung besitzt dieses Buch, um das alle Ihre Memory-Projekte »kreisen«, für Sie? Von Anfang an habe ich dieses Buch als eine Art kanonisches Werk, als eine Bibel betrachtet, der man nichts hinzufügen und aus der man nichts wegnehmen kann. Das Buch enthält 10.000 Biografien, die eindeutig von den Betroffenen selbst verfasst wurden, auch wenn sie in der dritten Person geschrieben sind. Die meisten dieser Personen sind inzwischen längst vergessen, doch sobald sie die »Bühne« des Textes betraten, erlangten sie, für wie kurze Zeit auch immer, eine gewisse Prominenz. Es gibt keinen Index, der Aufbau ist strikt alphabetisch: Im Grunde handelt es sich um eine »flache« Struktur. Als ich dort in dem Antiquariat in Istanbul stand, die Seiten durchblätterte und dabei auf

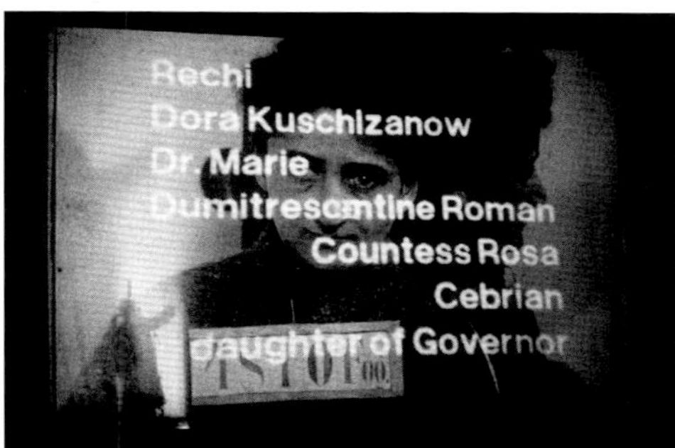

zufällige Verbindungen zwischen den »Akteuren« stieß, stellte ich mir vor, ich könnte tatsächlich in das Buch hineinspringen und das Netz aus biografischen und

Who's Who in Central & East Europe 1933, Inventionen 1991, Berlin Uraufführung / Premiere Kino Babylon

persons have long since been forgotten, though upon entering the »stage« of the text, they achieved prominence, however briefly. There is no index, the organization is only alphabetical; it is basically a »flat« structure. As I stood there in the bookstore in Istanbul and turned the pages, happening upon chance associations between the »players«, I had a fantasy that I could physically jump into the book and experience the network of biographical and historical links as a three-dimensional space. And it was in that moment, as I imagined that space, that my life-long project began. Over time this book began to tell me that this project would encompass more than just Eastern Europe and this historical break, more than only the nature of biography. It would grow to examine questions of written storage, how we store information and pass it on, as a culture and as an individual. I couldn't decide for many years whether I would have to abandon this book to move on. At some point I realized that this would only be one part, one section or »Konvolut« of my archive.

»T« is another important collection of documents that you have been working on and revising for years. Who is the person behind »T«? In 1987 I first learned about »T«, a marginal historical figure with multiple identities, active internationally and followed

historischen Verknüpfungen als dreidimensionalen Raum erleben. Und in diesem Moment, als ich mir diesen Raum vorstellte, nahm mein lebenslanges Projekt seinen Ausgang. Mit der Zeit begann mir das Buch dann mitzuteilen, dass dieses Projekt mehr umfassen würde als bloß Osteuropa und diesen historischen Bruch, mehr als bloß das Wesen der Biografie. Es würde wachsen und sich mit Fragen der schriftlichen Speicherung auseinander setzen, mit Fragen danach, wie wir Informationen aufbewahren und weitergeben, als Kultur und als Individuen. Viele Jahre lang konnte ich mich nicht entscheiden, ob ich dieses Buch würde aufgeben müssen, um weitermachen zu können. Irgendwann merkte ich dann, dass dies nur ein Teil, ein Abschnitt oder »Konvolut« meines Archivs sein würde.

Ein anderes wichtiges Dokumentenkonvolut, das Sie seit Jahren immer wieder neu be- und verarbeiten, ist »T«. Wer verbirgt sich hinter »T«? 1987 hörte ich zum ersten Mal etwas über »T«, eine marginale historische Figur mit multiplen Identitäten, die international tätig war und ständig von den Nachrichtendiensten verschiedener Weltmächte beschattet wurde. 1992 begann ich für eine Ausstellung in Berlin Archivmaterial zusammenzutragen. Während das »Who's Who«-Material eine »Da-

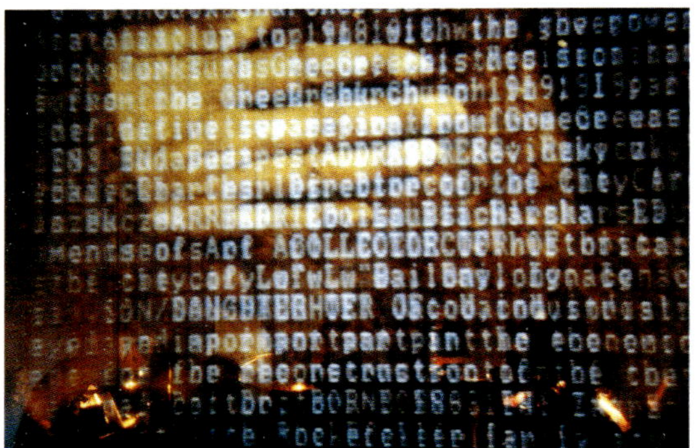

Who's Who in Central & East Europe 1933, Gasteig/München, 1991

continuously by the intelligence services of various world powers. I began collecting archive material in 1992 for an exhibition in Berlin. Whereas the »Who's Who« material represents a »Database of the Collective«, as if these 10,000 persons stand in for an infinite humanity, the »T« database reveals the fragmentary record remains of one personality, the official observations and traces of one biography, and a very unlikely one at that. So this »database of the individual« came to complement the corresponding »Database of the Collective« symbolized by the *Who's Who*. Those archives usually become digital databases at some point in time – it will be in digital form that I will perform my »operations« on the text.

Are there yet other documents that you are collecting for your private archive? In the early 1990s I began collecting the data later used in *Responsa* (1996) and finally in *Artificial Memory* (1999). I felt a need to »frame« the historical material with a kind of commentary, a discussion about larger themes. I began collecting wonderful texts, albeit surreptitiously, from conversations between professional archivists in the Internet, unbeknownst to them, on the subject of external data storage, both historical and as contemporary issues. This led to another complementary theme, that of internal storage,

tenbank des Kollektivs« repräsentiert, so als stünden diese 10.000 Personen für eine unendliche Menschheit, offenbart die »T«-Datenbank die fragmentarischen Aufzeichnungen einer Person, die offiziellen Beobachtungen und Spuren einer, noch dazu ziemlich unwahrscheinlichen, Biografie. So ergänzte die »Datenbank des Individuums« die entsprechende »Datenbank des Kollektivs«, die durch das *Who's Who* versinnbildlicht wurde. Normalerweise werden solche Archive irgendwann digitale Datenbanken: Meine »Operationen« am Text werde ich jedenfalls in digitaler Form vornehmen.

Gibt es noch andere Dokumente, die Sie in Ihrem privaten Archiv sammeln? Zu Beginn der 1990er-Jahre begann ich die Daten zusammenzutragen, die ich später in *Responsa* (1996) und schließlich in *Artificial Memory* (1999) verwendete. Ich empfand das Bedürfnis, das historische Material durch die Auseinandersetzung mit umfassenderen Themen, mit einer Art Kommentar, »einzurahmen«. Ich begann, wenn auch heimlich, wunderbare Texte zu sammeln – Gespräche zwischen professionellen Archivaren im Internet, ohne ihr Wissen, über das Thema der externen Datenspeicherung in historischer wie zeitgenössischer Sicht. Dies führte mich über die Metaphern Freuds in seinem Text über den *Wunderblock* sowie die experimentelle und angewandte Psychologie allgemein zu einem weiteren, damit zusammenhängenden Thema, dem der inneren Speicherung. In jüngerer Zeit habe ich für verschiedenste Projekte in lokalen Archiven Informationen gesammelt und habe begonnen, mich für den offiziellen Sprachgebrauch und die politischen Strukturen

through the metaphors of Freud in his text about the *Wunderblock*, and experimental and applied psychology in general. More recently I have been researching onsite on various projects to collect information from local archives, and I have become interested in the official language and political structure which holds, protects and restricts access to information.

In some of your works you also use found photographs and other visual material but, as a rule, you confront the spectator with huge amounts of text. What is the relationship between text and image? In the 1980's I became interested in the subject of »anonymous snapshot photography« and »home movies«, having been influenced by a genre in the Hungarian avant-garde first initiated by Gábor Bódy and later further developed by two artist and archivists: Péter Forgacs and Sándor Kardos. But gradually and instinctively I gravitated to working exclusively with text. In 1992, for a solo exhibition at Galerie o zwei in Berlin, I defined this approach thusly: »text as image«. I'm interested in the moment where the text jumps perceptually back and forth from meaning to pattern, map, landscape and space and in the visual metaphor which this movement implies. Very early on I became fascinated by the perception of figure and ground in a textual field. I tend to present enormous amounts of textual material in my work, which can never be grasped as a whole. Our perceptual apparatus needs a branch to hold onto, we grab a

zu interessieren, die über den Zugang zu Informationen verfügen und ihn schützen und einschränken.

Zwar verwenden Sie in einigen Arbeiten gelegentlich auch gefundene Fotografien und anderes Bildmaterial, aber in der Regel konfrontieren Sie den Betrachter immer mit enormen Textmengen. In welchem Verhältnis stehen Text und Bild zueinander? In den 1980er-Jahren begann ich mich, beeinflusst von einer Gattung, die in der ungarischen Avantgarde von Gábor Bódy initiiert und später von den Künstlern und Archivaren Péter Forgacs und Sándor Kardos weiterentwickelt wurde, für die Themen »anonyme Schnappschuss-Fotografie« und »Home-Movies« zu interessieren. 1992 definierte ich diesen Ansatz anlässlich einer Einzelausstellung in der Galerie o zwei in Berlin als »Text als Bild«. Ich interessiere mich für jenen Augenblick, in dem der Text in der Wahrnehmung zwischen Bedeutung und Muster, Karte, Landschaft und Raum hin- und herspringt, und für die visuelle Metapher, die diese Bewegung impliziert. Schon sehr früh hat mich die Wahrnehmung von Figur und Grund fasziniert. Ich neige dazu, in meinem Werk gewaltige Textmengen zu präsentieren, die sich niemals als Ganzes fassen lassen. Unser Wahrnehmungsapparat bedarf eines Astes, an dem er sich festhalten kann, eines Namens oder einer Formulierung, die dann verloren gehen, wenn wir gezwungen sind, den Ast loszulassen. Wir finden uns dann im Wald wieder, aber nur solange, bis unsere Aufmerksamkeit erneut zu schweifen beginnt. Dieser Prozess des Findens und Verlierens, und die Assoziationen, die

fragment, a name, or a phrase, which is then lost as we are forced to let go of the branch. We find ourselves in the forest again, but only until one's attention roams again. It is this process of finding and loss, and the associations that connect these locations, which is at the center of my work. This mechanism is functional and perceptual as well as metaphorical.

The found documents or texts are staged as hypertext: on a scroll, in the digital interface, as a three-dimensional installation in space. At this point the computer comes into play. What role does this medium play in, and for, your works? The *Who's Who in Central & East Europe* represents an enormous amount of material. I first began selecting and copying information manually onto index cards, a process which was absurdly slow and tedious. Fortunately, the inception of the project coincided with the development of widely circulated home computers. At that time, the possibilities of working with digital imagery was rather primitive, yet it was clear to me from the beginning that digital technology from its early days was ideally well suited for the compilation of personal data. This has been one of computer technology's earliest applications, aside from missile projection prediction.

In 1990, I met Heiko Idensen who introduced me to »hypertext« software at a time when »hypertext« was still mostly a literary and utopian concept. I was also very inter-

diese Orte miteinander verbinden, stehen im Mittelpunkt meines Werkes. Dieser Mechanismus ist funktional und perzeptorisch, aber auch metaphorisch.

Die gefundenen Dokumente bzw. Texte werden als Hypertext inszeniert: auf der Schriftrolle, im digitalen Interface, als dreidimensionale Installation im Raum. Hier kommt der Computer ins Spiel. Welche Rolle spielt dieses Medium in und für Ihre Arbeiten?

Das *Who's Who in Central & East Europe* stellt eine gewaltige Materialmenge dar. Zunächst habe ich damit begonnen, die Informationen auszuwählen und von Hand auf Karteikarten zu übertragen – ein absurd langsames und ermüdendes Verfahren. Glücklicherweise fiel der Beginn des Projekts mit der Entwicklung der Homecomputer zusammen, die sich schon bald weiter Verbreitung erfreuten. Zu diesem Zeitpunkt waren die Möglichkeiten, mit digitalen Bildern zu arbeiten, noch ziemlich begrenzt, doch es war mir gleich klar, dass die digitale Technik seit ihren Kindertagen für das Kompilieren persönlicher Daten ideal geeignet war. Dies war, neben der Vorhersage der Flugbahn von Marschflugkörpern, eine der frühesten Anwendungen der Computertechnik.

1990 traf ich Heiko Idensen, der mich zu einem Zeitpunkt mit der »Hypertext«-Software vertraut machte, als »Hypertext« noch weitgehend ein literarischer und utopischer Begriff war. Ich interessierte mich auch sehr für die Arbeit von Muriel Cooper am MIT, für die 3D-Modellierung von Informationen im Raum. Leider ist sie viel zu früh gestorben, und viele ihrer Ideen haben inzwischen Eingang in kommerzielle Bereiche gefunden. Von

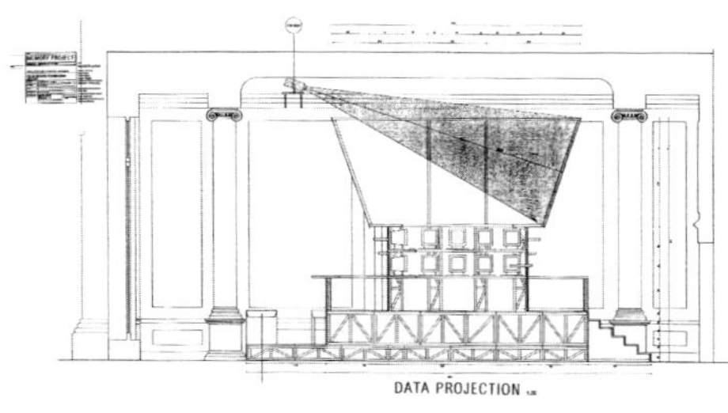

The Memory Project, 1998
Architekturzeichnung / Architectural Drawing

ested in the work of Muriel Cooper at MIT, in three dimensional modeling of information in space. Unfortunately, she died prematurely and many of her ideas have since filtered into commercial areas. Central to conceptualizing with computer software is a new sense of structure, experimentation with associative ways of linking information. There is a degree of immateriality in that there is no final text – the text is in a permanent state of re-creation. Since creating a database from the »Who's Who« material, I've continually recombined fragments in new ways to fit my artistic needs.

Since the early 90's, I've been concerned with the presentation of a digital »automatic writing«, where software accesses material according to random principles direct from a database and writes the output, letter by letter. A visitor to one of my installations once observed, »history writes itself«. The automation of storage has already occurred, we can search our stored traces in the Internet to find a short moment of published fame, (as Warhol predicted), but it may have been erased the next time we look. If we want a sta-

entscheidender Bedeutung für das konzeptionelle Arbeiten mit Computersoftware ist ein neues Verständnis des Strukturbegriffs – das Experimentieren mit assoziativen Formen der Informationsverknüpfung. Dadurch, dass es keinen endgültigen Text gibt, ist stets ein gewisser Grad an Immaterialität gegeben – der Text befindet sich in einem permanenten Zustand des Neu-erschaffen-Werdens. Seit ich die Datenbank mit dem »Who's Who«-Material angelegt habe, habe ich die Fragmente gemäß meiner eigenen künstlerischen Bedürfnisse immer wieder neu kombiniert.

Seit den frühen 90er-Jahren beschäftige ich mich mit der Präsentation einer digitalen »automatischen Schrift«; dabei greift die Software gemäß einem Zufallsprinzip direkt auf das Material in einer Datenbank zurück und schreibt das Ergebnis Buchstabe für Buchstabe auf. Ein Besucher einer meiner Installationen meinte einmal: »Die Geschichte schreibt sich selbst.« Die Automatisierung des Speicherns ist ja bereits Realität, wir können im Internet unsere gespeicherten Spuren suchen und so einen kurzen Moment publizierten Ruhmes finden (so wie es Warhol vorhergesagt hat), doch das nächste Mal, wenn wir nachsehen, kann dieser Ruhm auch schon wieder gelöscht sein. Wenn wir ein stabiles Speichermedium haben wollen, müssen wir wieder dazu übergehen, Zeichen in Stein zu ritzen, wobei wir uns aber vielleicht lieber eines digitalen Kodes als einer Bilderschrift bedienen sollten. Das mag viele Jahrtausende halten und von Invasoren von anderen Planeten gefunden werden, aber die Speicherkapazität ist eher begrenzt.

ble storage medium, we have to go back to cutting marks in stone, perhaps scratching a digital code rather than a pictorial alphabet. It may last many millennia and be found by invaders from other planets, but the capacity is limited.

Strictly speaking, hypertext is not really an invention of the computer age. Biblical, canonical texts were treated in a similar way. Do you also refer to this tradition? I am certainly interested in the development of the technologies of writing, and how those materials and methods have provoked particular relationships to the text. One can look at the exegesis of holy texts through inter-textual commentary, in various religious traditions. I have written elsewhere on the influence, hidden or overt, which the content, hypertextual structure and visual layout of the Talmud has had on my work. I've found it interesting to look at how the written and oral traditions weave in and out of the Talmud, allowing for a text to remain uncompleted, as Edmond Jabès explores so wonderfully in his work.

In your *Reading Events* you have certain documents read aloud. The act of narrating is considered a twofold performance of the »ars memoriae« – as the reproduction and repetition of facts and as narrative fixation of all actions and events by means of which a culture constitutes and identifies itself. So, in your work, what role does language play as a medium of memory? These *Reading Projects* are structured as a fully

Der Hypertext ist ja in dem Sinne keine Erfindung des Computerzeitalters. Bereits biblische, kanonische Texte wurden in einer dem Hypertext ähnlichen Weise bearbeitet. Beziehen Sie sich auch auf diese Tradition? Natürlich interessiere ich mich für die Entwicklung der Schreibtechnologien und dafür, wie diese Materialien und Methoden zu spezifischen Formen des Umgangs mit den Texten geführt haben. Man kann sich die Exegese heiliger Texte mittels intertextueller Kommentare in verschiedenen religiösen Traditionen ansehen. Ich habe an anderer Stelle darüber geschrieben, welchen versteckten oder offenen Einfluss der Talmud auf meine Werke hatte. Ich fand es interessant zu sehen, wie die schriftlichen und mündlichen Traditionen mit dem Talmud verflochten sind und es dem Text so erlauben, unvollendet zu bleiben, was Edmond Jabès in seinem Werk so wunderbar erkundet.

In Ihren *Reading Events* lassen Sie bestimmte Dokumente laut vorlesen. Der Akt des Erzählens gilt in doppelter Hinsicht als Leistung der »ars memoriae«: als Reproduzieren und Wiederholen von Fakten sowie als narrative Fixierung aller Handlungen und Ereignisse, über die sich eine Kultur konstituiert und identifiziert. Welche Rolle spielt die Sprache als Erinnerungsmedium in Ihrem Werk? Diese *Reading Projects* sind als gut funktionierende, aber temporäre Institution strukturiert, bei der staubige Aktenordner auf Archivregalen mit der digitalen Speicherung und Präsentation »parallel geschaltet« werden. Aber der bürokratische Aspekt wird durch eine rituelle Situation gemil-

The Reading Room, 2001
Biennale Bern, Partitur / Score

functioning yet temporary institution where dusty paper file folders on archive shelves are »paralleled« with digital storage and display. Yet the bureaucratic aspect is tempered by a ritualistic situation, a moment of confrontation between

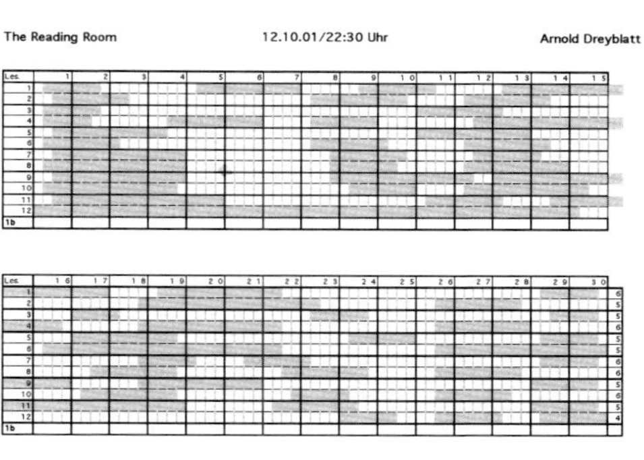

a living person and a »dead text« from the past. We animate and vocalize acoustically the information which would normally be locked away in the archive. It has to be »dug out«, as in an archeological process; one has to locate it, bring it out of the darkness into the light, get past all the guards and functionaries, to come to a stage of consciousness, through reading out loud, communally. It has been important to find a form where the archival text is given a voice. This voice can no longer be the voice of an oral tradition which no longer exists. But the vocalization of a text exists in another mode from reading silently. We know that in the transitional phase of early print culture one did not

dert, einen Moment der Konfrontation zwischen einer lebenden Person und einem »toten Text« aus der Vergangenheit. Wir animieren und versprachlichen auf akustischem Wege die Information, die normalerweise im Archiv eingeschlossen ist. Sie muss »ergraben« werden, wie in einem archäologischen Prozess. Man muss sie lokalisieren, sie aus der Dunkelheit ans Licht bringen, muss an allen Wächtern und Funktionären vorbei zu einem Bewusstseinszustand gelangen, indem man laut und gemeinsam liest. Es war wichtig, eine Form zu finden, in der der Text aus dem Archiv eine Stimme erhält. Doch die Verstimmlichung eines Textes ist ein anderer Seinsmodus als das stumme Lesen. Wir wissen, dass man die Texte in der Übergangsphase der frühen Druckkultur nicht still las, sondern dass dies eine Fähigkeit war, die man erst erlernen musste. Wir verbinden die gemeinschaftliche Verstimmlichung mit der bei einem Ritual, und vielleicht sollte das laute Lesen in einer Gemeinschaftssituation – mit Hunderten von Personen, wie in meinen Projekten – als ein mögliches zeitgenössisches Ritual funktionieren, eines, das uns ein Mittel an die Hand gibt, über unser Verhältnis zur Vergangenheit nachzudenken.

Ein Kunstkritiker hat Ihre Arbeit, insbesondere die *Reading Projects*, einmal als »Ausdruck des Widerstands gegen die Bürokratisierung der modernen Gesellschaft« bezeichnet. War dies tatsächlich Ihre Intention? Die bürokratische Natur dieser Projekte, die Verwaltung von Information, wird häufig missverstanden. Wir kennen dieses Problem aus dem Privatbereich, wir haben unseren Schreibtisch und unser Büro, und wir haben

read a text silently, that this was an ability which had to be learned. Our association with communal vocalization is with that of ritual, and perhaps the reading of historical texts out loud, in a communal situation – as with hundreds of persons, as in my projects – should function as a possible contemporary ritual, one which might connect us with a means of reflecting on our relation with the past.

An art critic once called your work, especially the *Reading Projects*, a »gesture of resistance« against the bureaucratization of modern society«. Was this really your intention? There is often a misunderstanding as to the bureaucratic nature of these projects, about the administration of information. We have this problem in a private sense, we have our desk and our office, and we end up with too many papers, so we have to file things away. Soon we need a system, so that we can locate a particular record a second time. So we find that a certain level of organization is necessary, yet it seems never enough. In the *Reading Projects* there are hundreds of invited readers, and they must meet their files from the archive at a pre-specified time and at a specific location for a public reading. In order to insure that the file can be found, the invited persons must find their way at the appointed time to the correct position, so that an extensive administration is necessary for the functioning of the system. But of course the bureaucracy is not only practical, it is metaphorical and it is instructional. I often find that much con-

schließlich so viele Papiere, dass wir sie in Aktenordnern unterbringen müssen. Aber schon kurz danach benötigen wir auch ein System, dass es uns ermöglicht, eine bestimmte Aufzeichnung ein zweites Mal aufzufinden. Wir stellen also fest, dass ein gewisses Maß an Organisation erforderlich ist, aber es scheint nie zu reichen. An den *Reading Projects* nehmen Hunderte von eingeladenen Lesern teil, und diesen müssen ihre Akten zu einem vorher festgelegten Zeitpunkt und an einem bestimmten Ort für die öffentliche Lesung zur Verfügung stehen. Um sicherzustellen, dass sich die Akte finden lässt, müssen die eingeladenen Personen zur festgesetzten Zeit an die richtige Stelle finden, so dass es für das Funktionieren des Systems einer aufwändigen Verwaltung bedarf. Aber die Bürokratie ist natürlich nicht nur praktischer, sondern auch metaphorischer und belehrender Natur. Ich finde oft, dass bei einem Großteil der zeitgenössischen Kunst, die sich mit diesem Thema befasst, diese bürokratische oder systematische Seite fehlt, und zwar häufig deshalb, weil es an Material mangelt. Die Erfahrung, die ich bei meinen Projekten gemacht habe, ist die, dass man zunächst etwas schockiert ist, wenn man die bürokratische Atmosphäre betritt, aber dass dies durch die Teilnahme an der Lesung selbst, durch den »Output« des Systems, wieder ausgeglichen wird. Man begreift plötzlich, dass dieses System erforderlich war, damit sich etwas Geheimnisvolles und Intimes ereignen kann.

Ein Archiv bedeutet die Auslagerung des Gedächtnisses aus dem Menschen und zugleich die Institutionalisierung von Gedächtnis und Erinnerung. Nach Derrida ist ein

temporary art which concerns itself with this theme lacks this bureaucratic or systematic aspect, often because the mass of material is lacking. My experience with my projects is that one is somewhat shocked upon entering this bureaucratic atmosphere, but that this is balanced by participation in the reading itself, the »output« of the system. One suddenly understands that the system was necessary to make something mysterious and intimate occur.

An archive means the removal of memory from man and, at the same time, the institutionalization of memory and remembrance. According to Derrida an archive is always also a »political category« since the accessibility of certain archives depends upon existing power structures. To what extent is the political aspect part of your works? We have to look at the decisions which are made within the different stages of this process. Many of these decisions have political implications and consequences as to what is kept and what is thrown away, what passes through this administrative filter. Some of these decisions are made by chance, by »acts of god«, such as when a tornado destroys a library or an archive. And there are also passive forms of decay, when insects or micro-organisms eat away at paper or the fragmentation of digital data. But there are acts of war, of war ton destruction. There are decisions made as to acquisition, what enters the collection, whether acquisition is passive or active, and so on. Decisions may be based on

Archiv immer auch eine »politische Kategorie«, da die Zugänglichkeit bestimmter Archive ganz von den jeweiligen Herrschaftsstrukturen abhängig ist. Inwieweit ist dieser politische Aspekt in Ihrer Arbeit präsent? Wir müssen uns die Entscheidungen ansehen, die auf den verschiedenen Stufen dieses Prozesses getroffen werden. Viele dieser Entscheidungen haben politische Implikationen und Konsequenzen, im Hinblick darauf, was aufbewahrt und was weggeworfen wird, im Hinblick darauf, was durch diesen administrativen Filter hindurchgeht. Einige dieser Entscheidungen werden auch vom Zufall getroffen, sind »Gotteswerk«, etwa wenn ein Wirbelsturm eine Bibliothek oder ein Archiv zerstört. Außerdem gibt es passive Formen des Zerfalls, wenn Insekten oder Mikroorganismen das Papier zerfressen oder digitale Daten sich in Fragmente auflösen. Aber es gibt auch Kriegshandlungen, Akte willkürlicher Zerstörung. Und es werden Entscheidungen über den Erwerb getroffen, darüber, was in die Sammlung aufgenommen wird, ob der Erwerb passiver oder aktiver Natur ist, und so weiter. Entscheidungen können auf Regierungswechsel zurückgehen oder auf politische Dekrete. Kein Archiv verfügt über unbegrenzten Platz; aus diesem Grund nutzen viele kommerzielle Archive auch in regelmäßigen Abständen Aktenvernichtungsprogramme. Aber natürlich wird Geld normalerweise nach politischen Prioritäten zugewiesen. Darüber hinaus ist der Zugriff selbst ein äußerst wichtiges Thema. Es gibt aber auch kulturelle Unterschiede. Der europäische

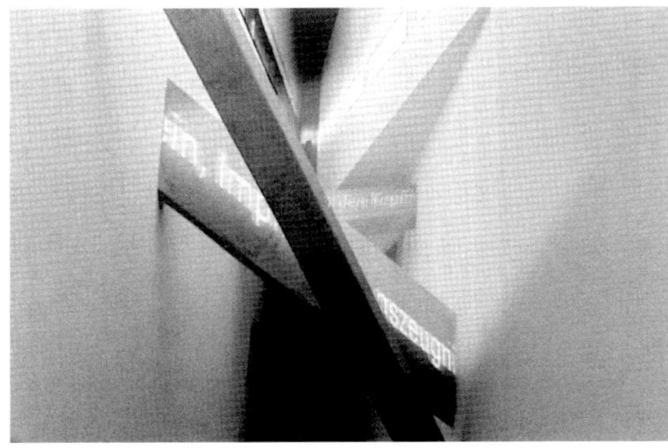

Inscription, 2000, Wettbewerbsbeitrag / Proposal, Closed Competition
Jüdisches Museum Berlin

changes of regime, on political directives. Decisions may be made for lack of space, for economics. No archive has unlimited space; many commercial archives have periodic destruction programs for this reason. But of course, money is usually allocated according to political priorities. In addition, access itself is an extremely important issue. There are also cultural differences: The European continent represents what I would call the »kafkaesque« model – the institution not only protects but also prevents access through an impenetrable bureaucracy. On the contrary, in the Anglo-Saxon archive, we have the »service society model«, where the citizen has certain rights and the staff is there to offer assistance.

Are you concerned with a certain model of memory work or do you want to sharpen the awareness that historiography depends upon documents being accessible? I think that my work functions on many levels. It might awaken particular emotions in relation to a lost or deconstructed past and yet at the same time point out the mechanisms with

Kontinent repräsentiert für mich das, was ich als das »kafkaeske« Modell bezeichnen würde: Die Institution schützt nicht nur, sondern sie versperrt auch mittels einer undurchdringlichen Bürokratie den Zugang. Im Gegensatz hierzu haben wir im Angelsächsischen das »Dienstleistungsmodell«, bei dem der Bürger über gewisse Rechte verfügt und die Angestellten dazu da sind, ihm zu helfen.

Geht es Ihnen um ein bestimmtes Modell der Erinnerungsarbeit oder um eine Schärfung des Bewusstseins, dass Geschichtsschreibung abhängig ist von dem möglichen Zugriff auf Dokumente? Ich meine, dass mein Werk auf vielen Ebenen funktioniert. Es mag spezifische Emotionen im Hinblick auf eine verlorene oder dekonstruierte Vergangenheit wecken und gleichzeitig auf die Mechanismen verweisen, mittels derer wir, als Individuen und als Kultur, Dinge aufzeichnen, manipulieren und wiedergewinnen. Das Bewusstsein für diese Mechanismen mag negativ oder positiv erscheinen, je nachdem, wo man steht. Wir leben schon jetzt in einer Welt der beschleunigten Datenerzeugung, die zunehmend automatisch, d.h. digital, etwa im Internet, gespeichert wird. Die Leute haben verschiedene Ansichten hierzu. Natürlich gibt es gewisse Gefahren. Der Wahn, »alles runter zu laden«, alles festzuhalten und einzufrieren und irgendwo aufzubewahren, ist ebenso lehrreich wie paradox. Patrick Hutton schreibt: »Wenn die Erinnerung endet, beginnt die Geschichte.« In vielen Fällen ist die schriftliche Aufzeichnung, Fragmente

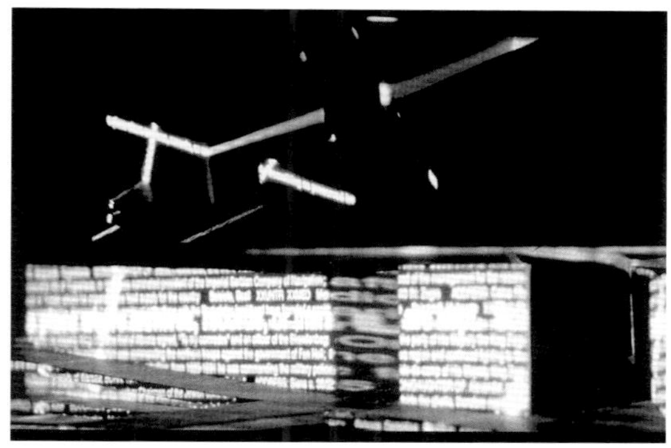

Inscription, 2000, Wettbewerbsbeitrag / Proposal, Closed Competition
Jüdisches Museum Berlin

which we record, manipulate and recover, as an individual and as a culture. The awareness of these mechanisms might appear as negative or positive, depending on where one stands. We already live in a world of accelerating data generation which is increasingly being stored automatically, digitally, and through the Internet, for example. There are differing views about this. It is clear that there are dangers. The mania to »get it all down«, to hold and freeze it all, and to keep it somewhere, has its lessons and paradoxes. Patrick Hutton writes »When memory ends, history begins.« In many cases, as a »living memory« has gradually faded, the written record is all that we have, fragments and all. I am not trying to privilege the written over the oral or vice versa, I am attempting to create an environment in which one can find a personal response.

In your more recent works you have gone back to subjects, such as the stroboscopic image, that you have already explored in the past. For many years I have concentrated

und dergleichen, das Einzige, was uns bleibt, wenn die »lebendige Erinnerung« allmählich verblasst ist. Ich versuche nicht, Schriftlichem gegenüber Mündlichem den Vorzug zu geben oder umgekehrt, sondern ich versuche ein Umfeld zu schaffen, in dem man eine persönliche Antwort finden kann.

In Ihren neueren Werken knüpfen Sie wieder an Themen wie das stroboskopische Bild an, mit denen Sie sich früher schon einmal befasst haben. Viele Jahre lang habe ich mich vor allem auf externe Speichermechanismen und -institutionen konzentriert, so dass meine Arbeit an der Installation *The Wunderblock* (2000) insoweit ein Wendepunkt für mich war, als dort Textfragmente, die sich auf die externe Speicherung beziehen, mit Freuds eigenem metaphorischen Modell kontrastiert werden, das sich mit den psychologischen internen Schichten des Kurz- und Langzeitgedächtnisses im Gehirn beschäftigt.

Ich nehme an, es hat sich dann ein Kreis geschlossen, indem ich zu meinem frühen Interesse an der stroboskopischen Wahrnehmung zurückgekehrt bin, wobei ich diesmal textliche Inhalte benutzt habe. Ich durchforstete die wissenschaftliche Literatur zum Thema des so genannten »Flashbulb Memory« und wählte einzelne Sätze aus, die in der Installation nur als Nachbild, d. h. nur im Gehirn lesbar sind. Es ist also ein interessantes Modell, eine Brücke von der äußeren zur inneren Wahrnehmung. In *Flashbulb Memory* (2002) habe ich diesen so genannten »Now print!«-Mechanismus untersucht, zu dem es in einem Augenblick von kollektiver Wichtigkeit kommt, in dem die persönliche Geschich-

mostly on external storage mechanisms and institutions, so that my work on the installation, *The Wunderblock* (2000) was a turning point for me, in that text fragments referring to external storage are contrasted with phrases from Freud's own metaphorical model which meditates on the psychological, internal layers of short and long term memory in the brain.

I suppose I then closed a full circle by returning to my early interest in stroboscopic perception, now utilizing textual content. I looked through the scientific literature on the subject of so-called »Flashbulb Memory« and selected phrases which in the installation are readable only as an afterimage, that is, in the brain. So it's an interesting model: a bridge from external to internal perception. In *Flashbulb Memory* (2002), I examined this so-called »now print!« mechanism which occurs at a moment of collective importance – where personal history meet the collective and the environment is frozen and stored. In my most recent work, *Recovery Rotation* (2003), I've extended this concept to an automated 360 degree flash text machine. At the moment of the flash the text is unreadable, so that the few text fragments one perceives are in fact no longer there in »external reality,« but the fading traces are still visible for a short time within an internal, psychological space. We attempt to retain a fragment of information in the perceptual residue of the flash. As in much of my work, there is a functional and a metaphorical lay-

te und die des Kollektivs aufeinander treffen und das Umfeld eingefroren und gespeichert wird. In meinem jüngsten Werk *Recovery Rotation* (2003) habe ich dieses Konzept auf eine automatische 360-Grad-Flashtext-Maschine ausgeweitet. Im Moment des Blitzes ist der Text unlesbar, so dass die wenigen Textfragmente, die man wahrnimmt, in der »äußeren Realität« in Wirklichkeit gar nicht mehr dort vorhanden sind, während die verblassenden Spuren in einem inneren, psychologischen Raum noch kurze Zeit sichtbar sind. Wir versuchen im perzeptorischen Rückstand des Flashs ein Informationsfragment zurückzuhalten. Wie bei den meisten meiner Werke gibt es auch bei diesem eine funktionale und eine metaphorische Ebene und die Interaktion zwischen beiden. Der Inhalt beschreibt, was bei der Interaktion mit der Maschine tatsächlich vor sich geht.

Interaktivität ist ein wichtiger Aspekt Ihrer Arbeit. Inwieweit ist der Betrachter bzw. Besucher Bestandteil der Konzeption, ist seine Präsenz für die Vollendung des Werkes elementar? Ich war schon immer der Meinung, dass der Begriff »Interaktivität« falsch gebraucht wird, vor allem in Installationen, bei denen digitale Medien zum Einsatz kommen. Häufig ist das, was als interaktive Installation bezeichnet wird, lediglich ein versteckter An-/Aus-Schalter, unabhängig davon, ob er auf einer komplexen Software oder mechanischen Mitteln basiert. Wenn man Lesen, stilles oder lautes, als eine Form von Interaktivität begreift, ja, dann könnte man sagen, dass der Besucher das Werk vollendet. Aber die Antwort auf diese Frage ist sehr komplex. In vielen Installationen ist die

er, and the interaction between the two. The content texts actually describe what takes place in interaction with my machine.

Interactivity is an important aspect of your work. To what extent is the viewer or visitor part of the concept? Is his/her presence crucial to the completion of the work? I've always found the word »interactivity« to be misused, especially in installations utilizing digital media. Often what passes for an interactive installation is merely a disguised on/off switch, whether built up from complex software or mechanical means. If one understands reading, either silently or out loud, as a form of interactivity, yes, one could say that the visitor completes the work. Yet an answer to this question is rather complex. In many of the installation works, a form of »automatic writing« needs no presence of a viewer. It's the old adage: »If a tree falls in a forest and no one is present (...).« Yet, it is the awareness on the part of the viewer that the work has been actively writing before and after his or her physical presence which is most important to the experience of the work. It is the sense of an almost bottomless and limitless source of textual fragments which must be perceived to really experience the grain of sand/beach dialectic I've already alluded to. Likewise, in the reading performance situations, the »interactivity« takes place in the participation, in the act of reading a text which one has never seen before. This »interactivity« on the part of the reader takes place whether there are »audience mem-

Präsenz eines Betrachters für eine Form der »automatischen Schrift« nicht erforderlich. Es ist das alte Gedankenspiel: »Wenn im Wald ein Baum umfällt, und niemand ist da (...).« Aber das Bewusstsein des Betrachters, dass das Werk vor und nach seiner oder ihrer physischen Präsenz aktiv geschrieben hat, ist entscheidend für die Erfahrung des Werks. Dieser Eindruck einer fast boden- und grenzenlosen Quelle von Textfragmenten ist das, was man wahrnehmen muss, um wirklich den Kern der Sand-/Strand-Dialektik zu erleben, auf die ich bereits angespielt habe. Und auf vergleichbare Weise besteht die »Interaktivität« bei der Lese-Performance in der Teilnahme, in dem Akt, einen Text zu lesen, den man nie zuvor gesehen hat. Diese »Interaktivität« seitens des Lesers findet statt, unabhängig davon, ob zu diesem Zeitpunkt »Leute im Publikum« sind oder nicht. Es ist bei diesen Projekten häufig ein besonders schöner Moment, wenn alle diese so genannten »eingeladenen Gäste« vor praktisch niemandem lesen. Natürlich gibt es eine sekundäre Form der Interaktion, die für das herumlaufende Publikum stattfindet, das in dem Moment anwesend ist, in dem der Leser den Text erstmals vor sich hat.

Ebenfalls in jüngster Zeit haben Sie sich wieder verstärkt der Musik zugewandt und als Komponist gearbeitet. Gibt es Wechselbeziehungen zwischen Ihrer Musik und Ihrer Bildenden Kunst oder stehen beide Bereiche als Entitäten für sich? Diese Frage wird mir häufig gestellt. Seit 25 Jahren bin ich kontinuierlich als Komponist tätig. Als ich wieder in einem visuellen Kontext zu arbeiten begann, vor allem im Theater in den frü-

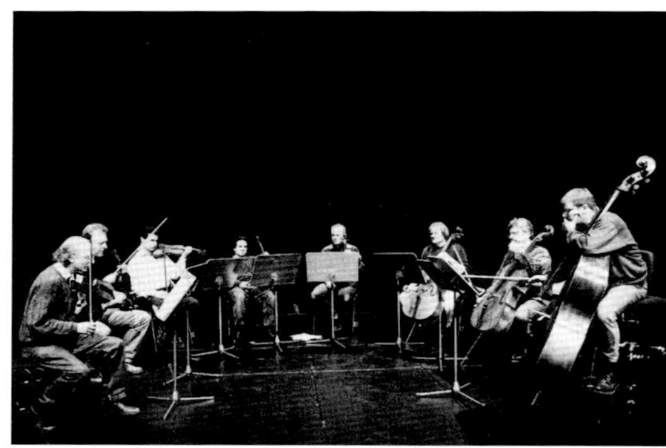

Music for 32 strings (Oktett / octet),
Uraufführung / First Performance, 2002
Pellegrini-Quartett, Freiburg und
Saarbrücker StreichTrio,
Alte Feuerwache, Saarbrücken

bers« present at that point in time or not. It's often a beautiful moment in those projects to experience all of these so-called »invited guests« reading to nearly nobody. Of course there is a secondary form of interaction which takes place for the wandering audience who is present at the moment of first confrontation with the text by the reader.

In recent times you have also shown a renewed interest in music and worked again as a composer. Is your music and visual art intertwined or do both areas represent their own entity? I am often asked this question. My continual identity as a music composer goes back twenty-five years. As I began to work again in a visual context, especially in theater in the early nineteen nineties, my music quite naturally accompanied these developments. The »Who's Who« Opera was a kind of »Gesamtkunstwerk«, in which all of my interests were brought to fruition under one roof. The minimal structures and timbre of

hen 1990er-Jahren, da begleitete meine Musik diese Entwicklung auf ganz natürliche Weise. Die »Who's Who«-Oper war eine Art »Gesamtkunstwerk«, bei dem sich alle meine Interessen unter demselben Dach entfalten konnten. Die minimalen Strukturen und die minimale Klangfarbe meiner Musik eignen sich gut als Begleitung für die Rezitation von Texten. Bei der frühen Lese-Projekten wie etwa der *Memory Arena* fungierten die musikalischen Kompositionen, die von meinem Ensemble »The Orchestra of Excited Strings« aufgeführt wurden, als unerwartete »Einschnitte« in die Stunden des gemeinschaftlichen Rezitierens. Doch in der Mitte der 90er-Jahre hatte ich den Eindruck, dass eine Trennung dieser Interessen nötig sei, um die Installationsaspekte des größeren Werks weiterentwickeln zu können. Andererseits betrachte ich die komplexen Partituren für die Leseprojekte, bei denen die Lesungen für jeden Tisch anhand der Kriterien Zeit, Name und Beruf des Lesenden und Inhalt der Archivakte genau festgelegt sind, als eine musikalische Partitur für eine akustische Situation.

Tony Conrad, der Filmemacher und Komponist, den ich als einen meiner Mentoren betrachte, hat einmal darauf hingewiesen, dass meine Musik mit ihrer Untersuchung der akustischen Textur und des Tunings als einer Form der »Mustererkennung« ihr Pendant in der Textanalyse gefunden hat.

Ihr Werk berührt viele unterschiedliche Facetten des Themas Gedächtnis und Erinnerung. Jetzt wollen Sie sich dem Gedächtnis von spezifischen Orten und Landschaften

my music is quite suitable for accompanying the recitation of text. In the early reading projects, such as the *Memory Arena*, music compositions performed by my ensemble, »The Orchestra of Excited Strings«, functioned as unexpected »incisions« into the hours of communal recitation. But in the mid-nineties I felt that in order to further develop the installation aspects of the larger work, a separation of these interests would be needed. On the other hand, I consider the complex scores for the reading projects, in which readings are specified for each table according to time, reader name and profession, and archive file content, as a musical score for an acoustic situation.

Tory Conrad, the filmmaker and composer, who I consider as one of my mentors, once pointed out that my music, in its examination of acoustic texture and tuning, might have found its counterpart as a form of »pattern recognition« in textual analysis.

Your work touches on many different aspects of the subject memory and remembrance. Now you are turning towards the memory of specific locations and landscapes. Is there an encyclopedic aspiration behind this project, i.e., do you find yourself in the position of a researcher trying to explore his subject in all possible directions? I've been attempting to allow the work to expand into some new areas which were perhaps implied by my original conception but were not explored fully until now. The implications of the project at its inception years ago have only gradually become

zuwenden. Versteckt sich dahinter ein enzyklopädischer Anspruch, sehen Sie sich auch in der Position eines Forschers, der versucht, das Thema in alle möglichen Richtungen zu erkunden? Ich habe versucht, es dem Werk zu erlauben, sich auf einige neue Gebiete auszudehnen, die möglicherweise bereits in meinem ursprünglichen Konzept vorhanden waren, aber bis jetzt nicht voll ausgeschöpft wurden. Die Implikationen des Projektes, das ich da vor einigen Jahren in Angriff genommen habe, sind mir erst allmählich klar geworden. Vielleicht ist dies der Grund, warum dieses Bestreben für mich immer mehr war als nur eine chronologische Abfolge von Werken. Die üblichen Kunst-Welt-Definitionen von Werk, Medium und Biografie scheinen hier unzureichend und banal. Die einzelnen Werke sind Teil eines größeren Plans, eines Projekts. Sobald es mir gelingt, ein Gebiet dieses Projekts kartografisch zu erfassen, ergeben sich unweigerlich neue Aspekte. Natürlich ist das Projekt größer als ich: In der mir verbleibenden Zeit, kann ich lediglich die Oberfläche streifen. Aber ohne die Gegenwart der Vergangenheit haben wir schließlich kein Bewusstsein. Kann es ein großartigeres Thema geben?

Aus dem Amerikanischen von Nikolaus G. Schneider

clear to me with time. Perhaps that's why I've always understood this endeavor as more than a chronological line of consecutive works. The usual art-world definition of work, media and biography seem insufficient and banal here. The individual works are part of a larger plan, a project. As soon as I manage to map an area of this project, new aspects inevitably unfold. The project is of course greater than me; I can only skim the surface during the time I have left. After all, without the presence of the past, we are without consciousness. What could be a greater theme?

Who's Who in Central & East Europe 1933. A Hypertext Opera, 1991–1997

Reading Projects
(Memory Arena, 1995–1996 / The Memory Project, 1998 / The Reading Room, 2001)
  Leser / Readers **Verwaltung** / Administration **Das Archiv** / The Archive **Lesesaal** / Reading Hall

The Reading Projects, 1991 – 2001

1991 erhielt ich den Auftrag eine »Hypertext Opera« zu entwickeln, die auf einer Ausgabe des *Who's Who in Central & East Europe* basierte, die ich einige Jahre zuvor entdeckt hatte. Diese Bühnenproduktion, die bis 1997 in unterschiedlicher Gestalt und in verschiedenen Sprachen aufgeführt worden ist, basierte auf einem Libretto, das aus Tausenden von biografischen Fragmenten zusammen gesetzt war. Darüber hinaus umfasste das Projekt mehrere Kompositionen, die von meinem Musikensemble aufgeführt wurden, gesprochene und projizierte Texte und eine von historischen Klangquellen abgeleitete Klanginstallation sowie eine Bildprojektion mit Amateurfotografien aus jener Zeit.

Schon bald war ich mit der passiven theatralischen Situation einer Proszeniumbühne nicht mehr zufrieden. Vielmehr stellte ich mir vor, eine lebendige Atmosphäre zu präsentieren, in der historische Daten gelagert und archiviert werden. Um diesen Prozess transparent zu gestalten, wollte ich das Publikum aktiver beteiligen. Schrittweise habe ich für die Performance und die Installation ein Modell entwickelt, das seit 1995 unter wechselnden Titeln in verschiedenen europäischen Städten aufgeführt worden ist.

Das grundlegende Konzept dieser orts- und stadtbezogenen Projekte sieht vor, einige hundert Einwohner einer Stadt einzuladen und an einem funktionierenden, gleichwohl zeitlich begrenzten archivalischen Installationssystem teilhaben zu lassen. Einem präzisen Zeitplan folgend, werden dabei Auszüge aus den in der Installation archivierten Be-

In 1991, I received a commission to create what I imagined as a Hypertext Opera based

The Reading Projects, 1991 – 2001

on an edition of *Who's Who in Central & East Europe 1933* which I had found some years earlier. This theatrical production, which toured in various forms and languages until 1997, was realized containing a libretto assembled from thousands of biographical fragments. The project involved music compositions performed by my music ensemble; spoken and projected text, a sound installation derived from historical audio sources, and an image projection composition of amateur photographic material of the period.

I soon became frustrated with the passive theatrical situation of the proscenium stage and became interested in presenting the living environment in which historical data is stored and archived. In order to make this process transparent, I wanted the public to be involved in a more active sense, and I gradually developed a model for performance and installation which has been presented in various European cities under differing titles since 1995.

The basic concept of these site and city-specific projects involves the invitation of several hundred inhabitants of a city who are then invited to take part in a functioning yet temporary archival installation system. Selections from the archival holdings are read out loud collectively according to a precise timeplan or score. Hundreds of persons from

ständen gemeinschaftlich und laut vorgelesen. Durch ihre Anwesenheit und ihre Teilnahme rufen hunderte Personen aus dem aktuellen Stadtleben hunderte vergessener Individuen aus der Vergangenheit in Erinnerung.

Die *Reading Projects* sind in unterschiedlichen räumlichen und zeitlichen Zusammenhängen realisiert worden, oft vier bis fünf Stunden lang, manchmal über mehrere Tage
und einmal sogar über Wochen. Auch wenn ich bis heute ständig mit modifizierten Prä-
sentationsformen experimentiere, sind die grundlegenden Elemente dieselben geblieben:
Eine Bürokratie, die das Netzwerk aus wandernden archivalischen Daten, Vorlesern und
Besuchern verwaltet, ein funktionierendes Archivsystem, das historische und zeitgenössische Dokumente enthält, sowie ein Leseraum oder ein öffentlicher Ort, in dem die jeweilige Lesung stattfindet.

Aus dem Amerikanischen von Berthold Schmitt

the contemporary cityscape reflect hundreds of forgotten individuals from the past by
their presence and participation.

The *Reading Projects* have been realized in various spatial and temporal contexts, often lasting for four to five hours, over many days or weeks at a time. I am continually
experimenting and modifying the forms of presentation, yet the basic elements have re-
mainec: A Burocracy which administers the network of travelling archival files, readers,
and visitors; a functioning archive system containing historical and contemporary documents; and a reading space or communal area in which the actual reading takes place.

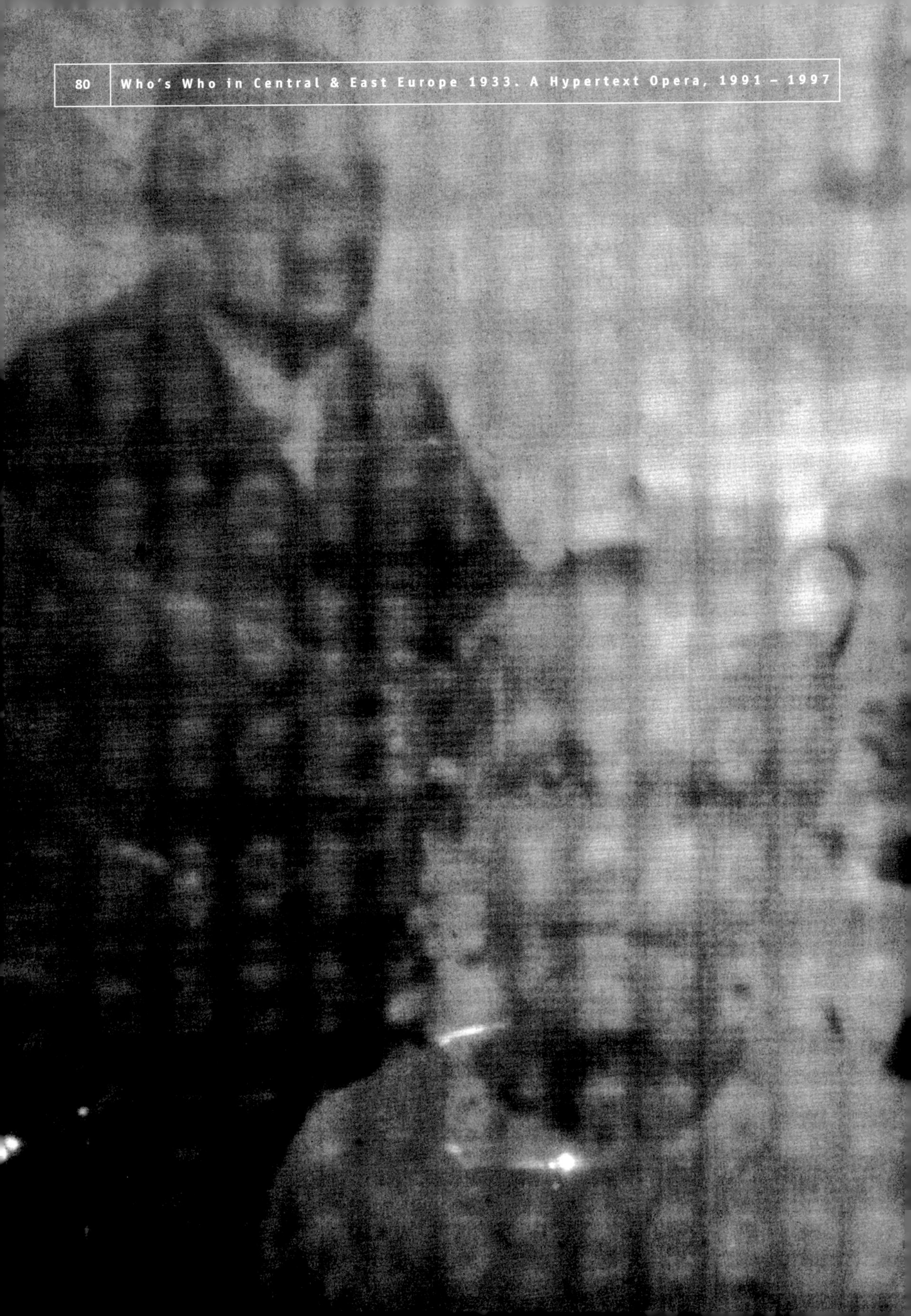

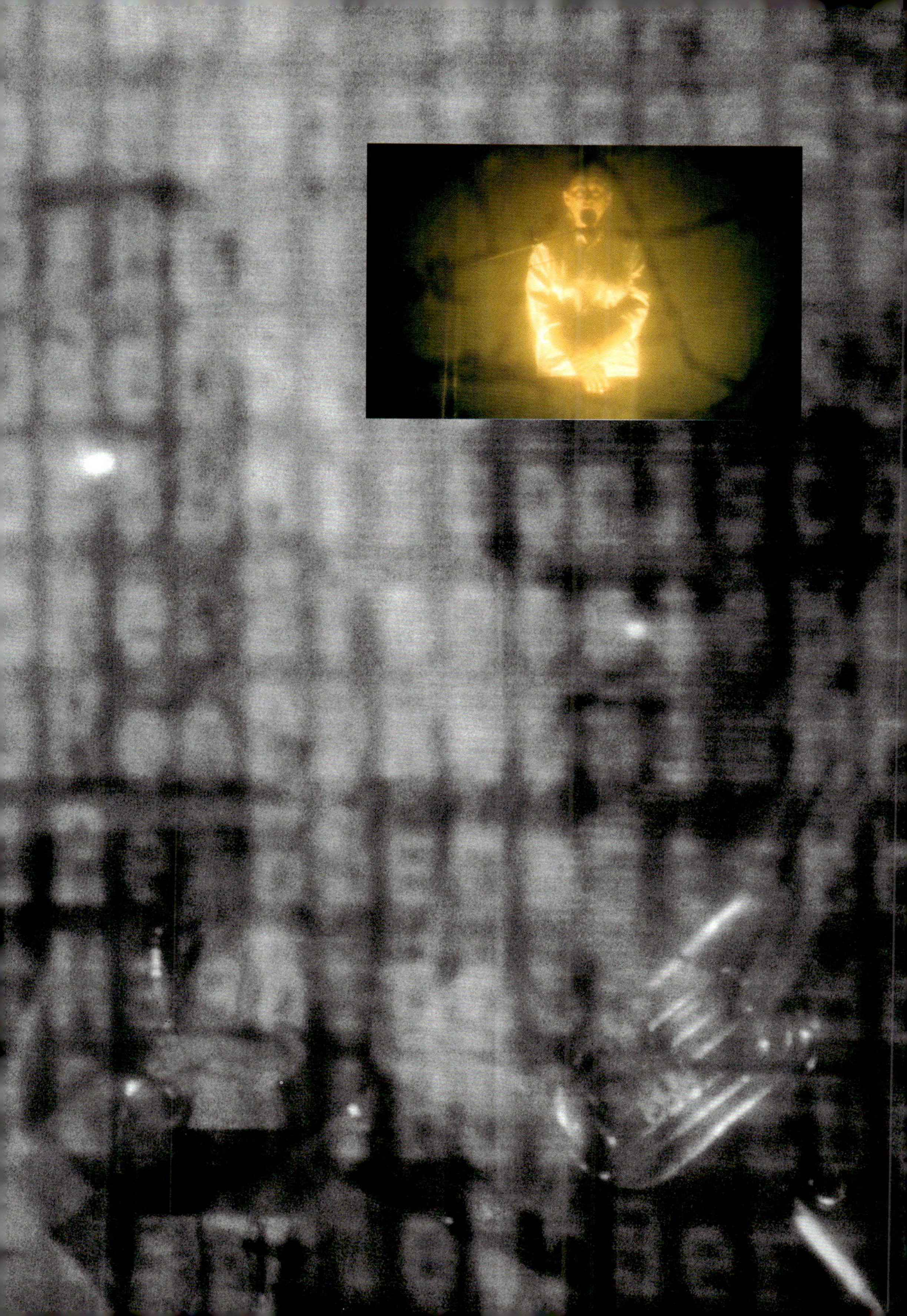

...ert Fennesia
Speech

ASSIM KOKOTLLJA...
PROFESSI...DURAHMAN,
...chemicals BORN: 1904
22.12. in Scutari , Albania
ADDRESS: , Tirana, Albania
FATHER: Mehmed FATHER'S
PROFESSION: retired colonel
MOTHER: Nurije Causholli
MARRIED: Neziha Bedri Pejani
EDUCATION: college in Graz,
Munich MEMBER OF: Mitglied
und Director des Royal
Albanian Auto Club *speaks
Albanian, Turkish, German,
Serbo Croation, French
RENÉE ABERDAM, PROFESSION:
philosopher, writer BORN:
1894 in Sziget , Romania
(formerly Hungary) ADDRESS:

John Huige
chairman PvdA

'Byzanthine Culture' were
published in Croatian
*Extensive traveling in order
to collect historical
material: Poland, Russia,
Germany, Switzerland,
Austria, Yugoslavia, Bulgaria
and Turkey ANTONIN BOHAC,
PROFESSION: President of the
State Statistical Office,
Prague, and head of its
department for population
statistics; private lecturer
of Demography at the Faculty
o.: National Sciences, Charles
University Prague BORN: 1882
05.03. in Lisice ,
Czechoslovakia ADDRESS: Ul.
Ceské Druziny, Prague-Dejvice
1671, Czechoslovakia,Tel.:
70-5-84 FATHER: Cenek
FATHER'S PROFESSION: peasant
MOTHER: Katerina Nováková
MARRIED:

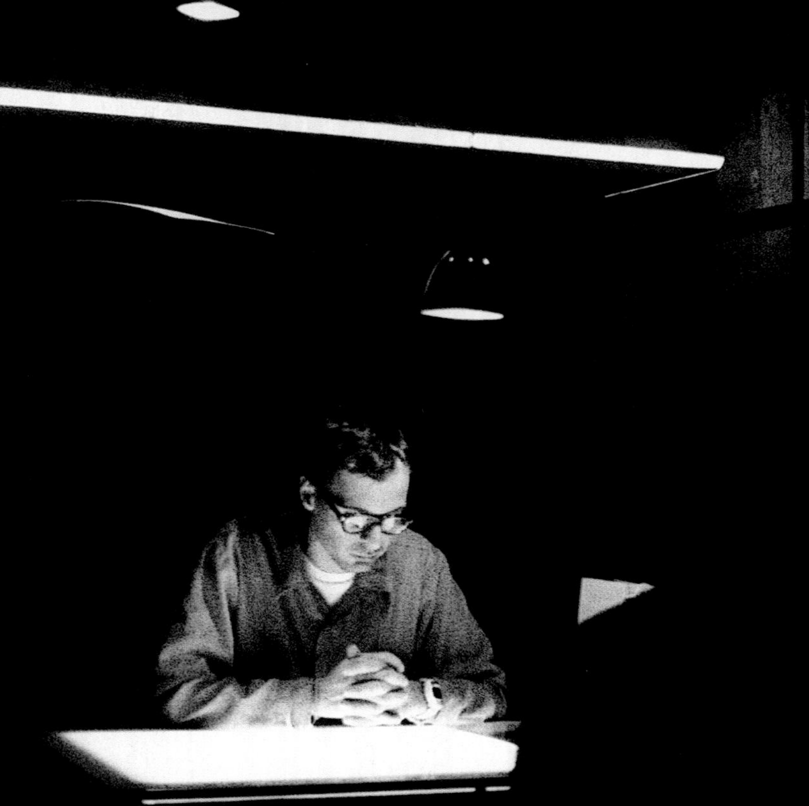

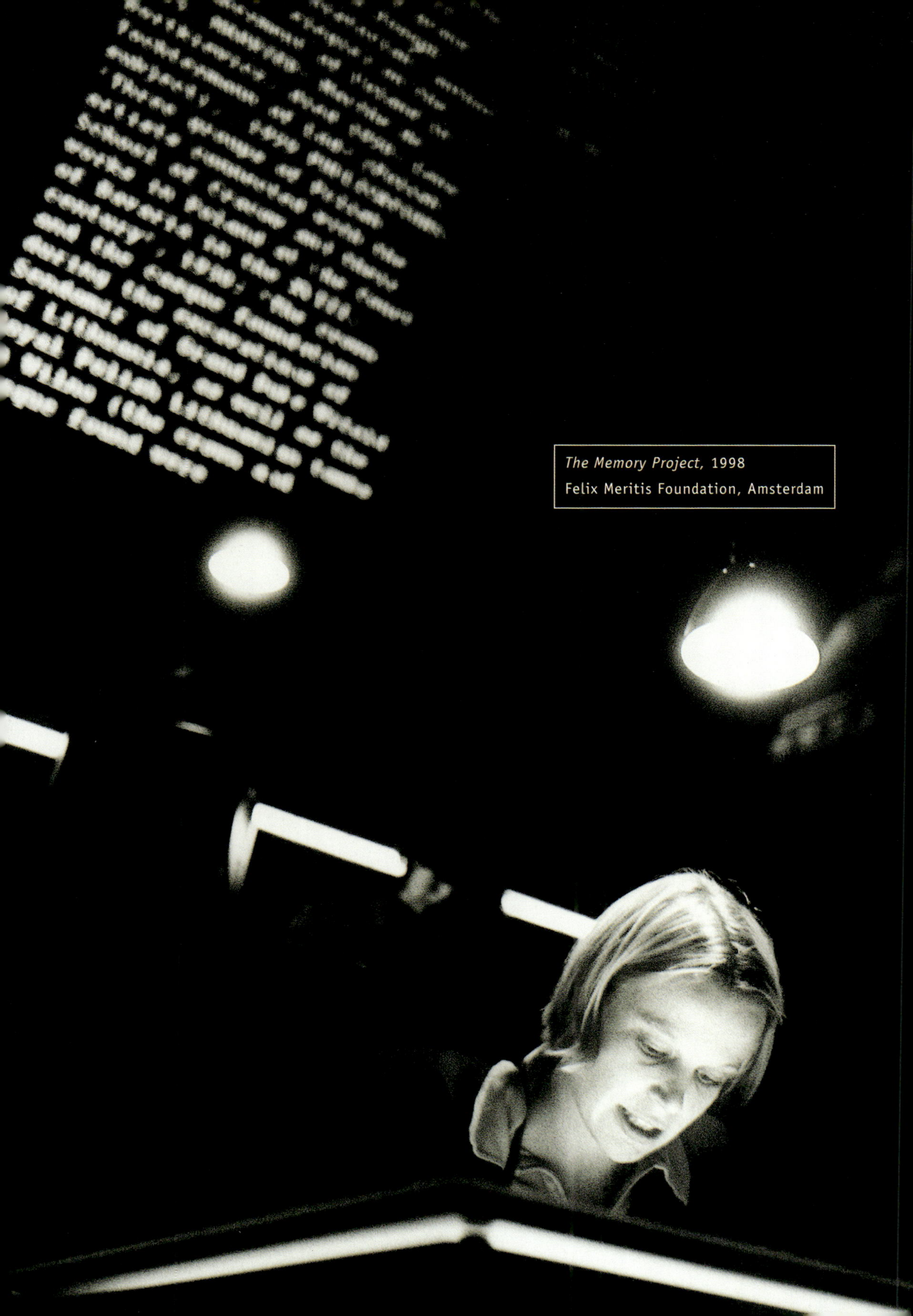

The Memory Project, 1998
Felix Meritis Foundation, Amsterdam

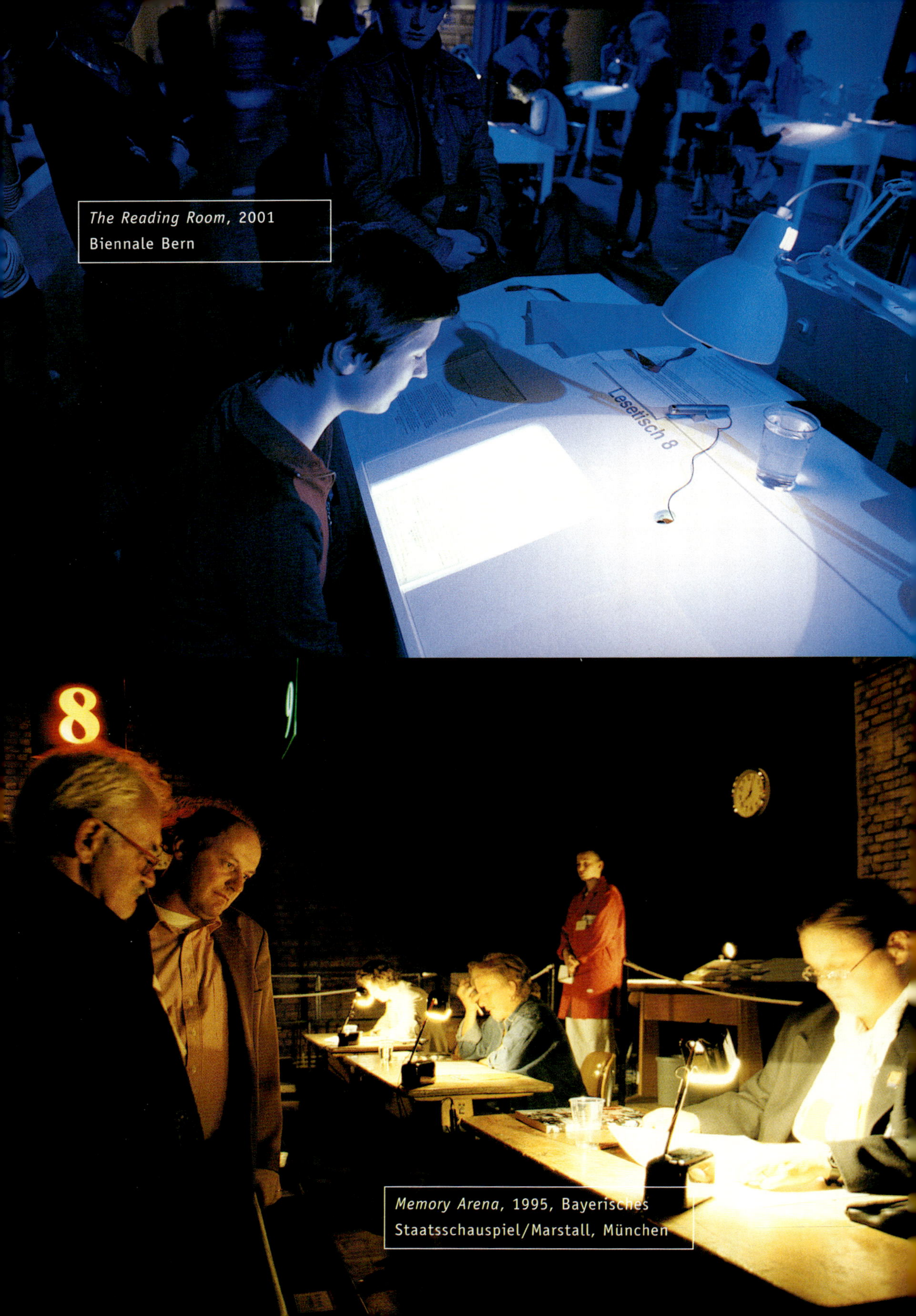

The Reading Room, 2001
Biennale Bern

Memory Arena, 1995, Bayerisches
Staatsschauspiel/Marstall, München

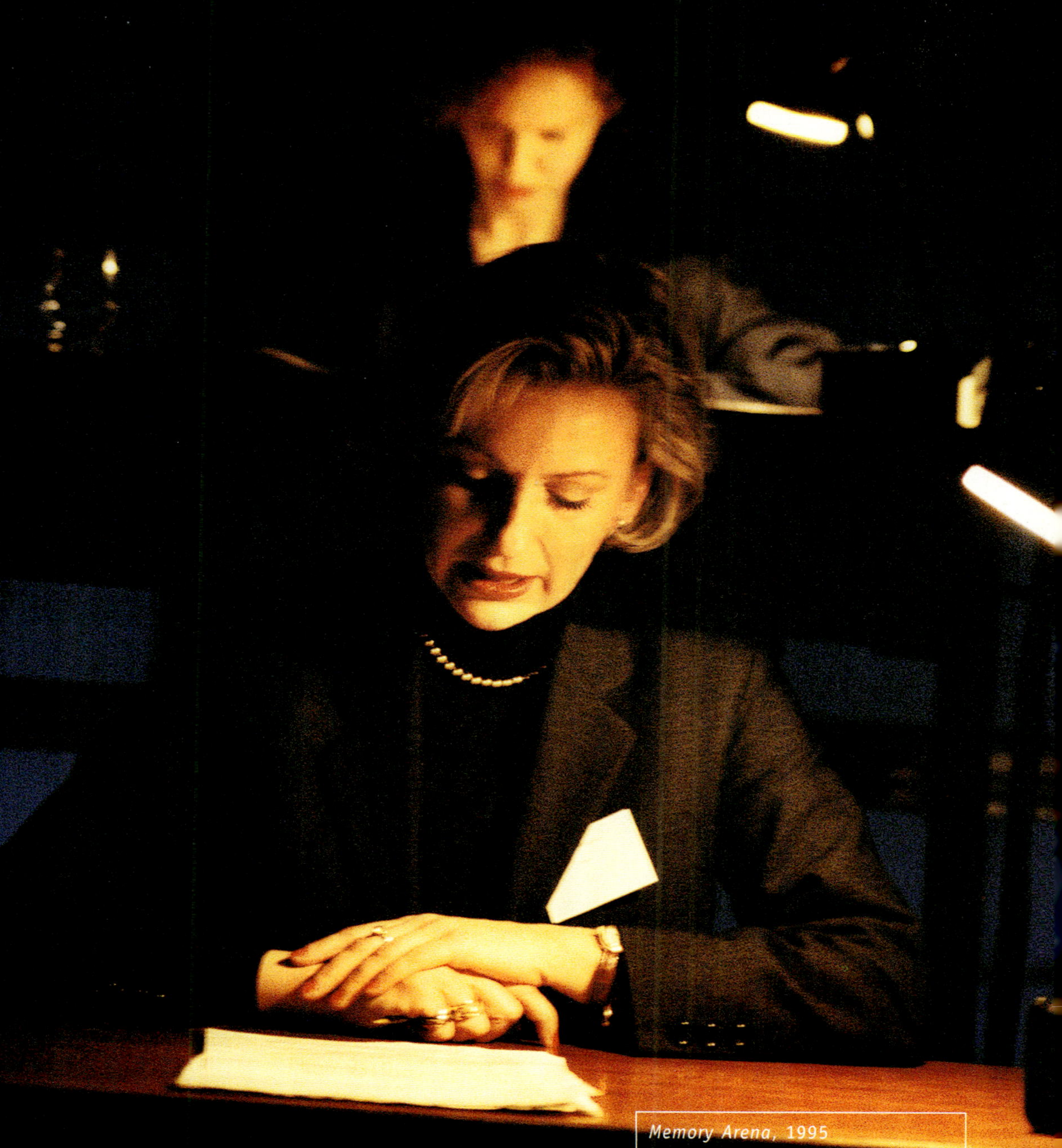

Memory Arena, 1995
Kampnagel Kulturfabrik, Hamburg

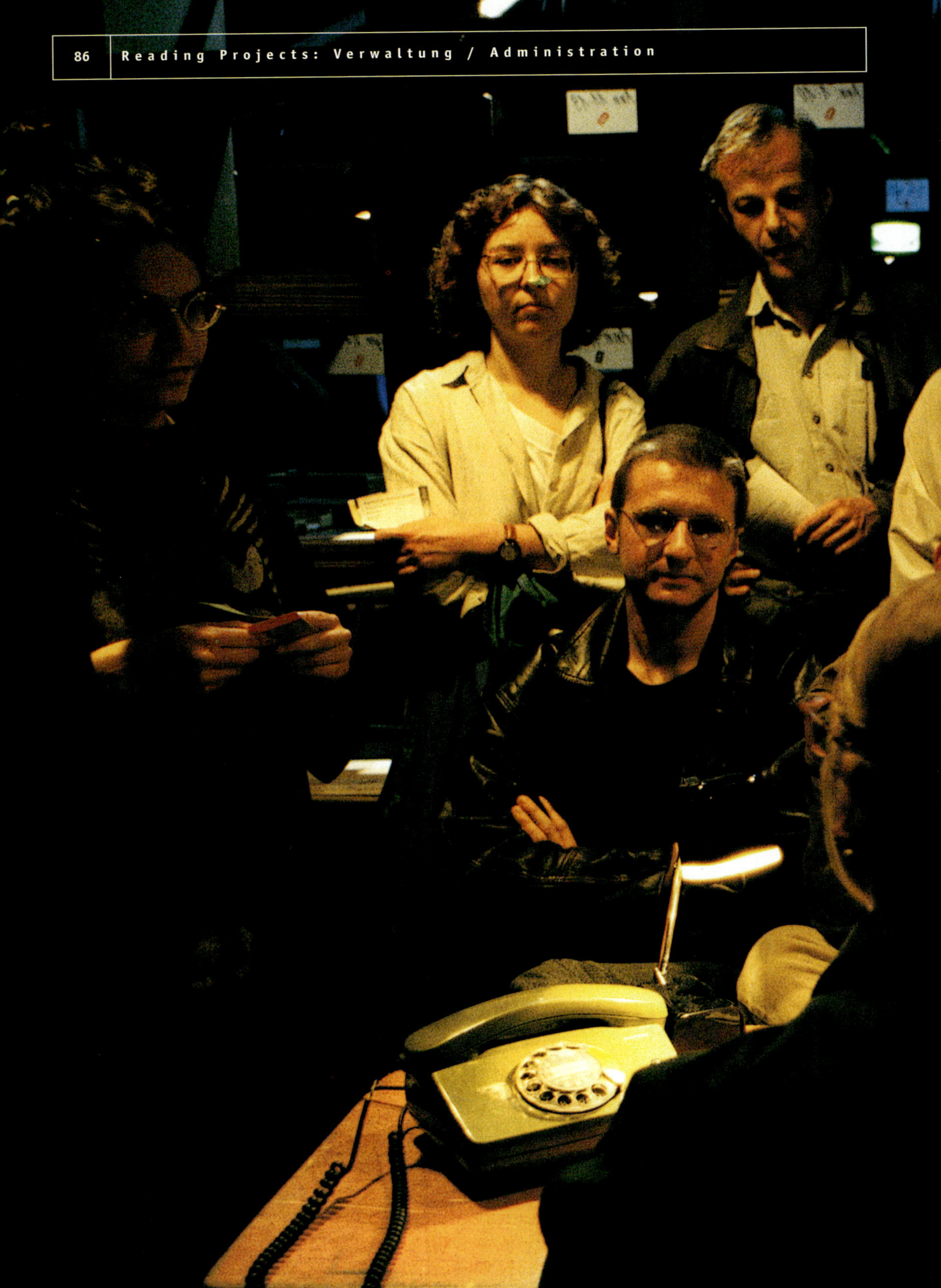

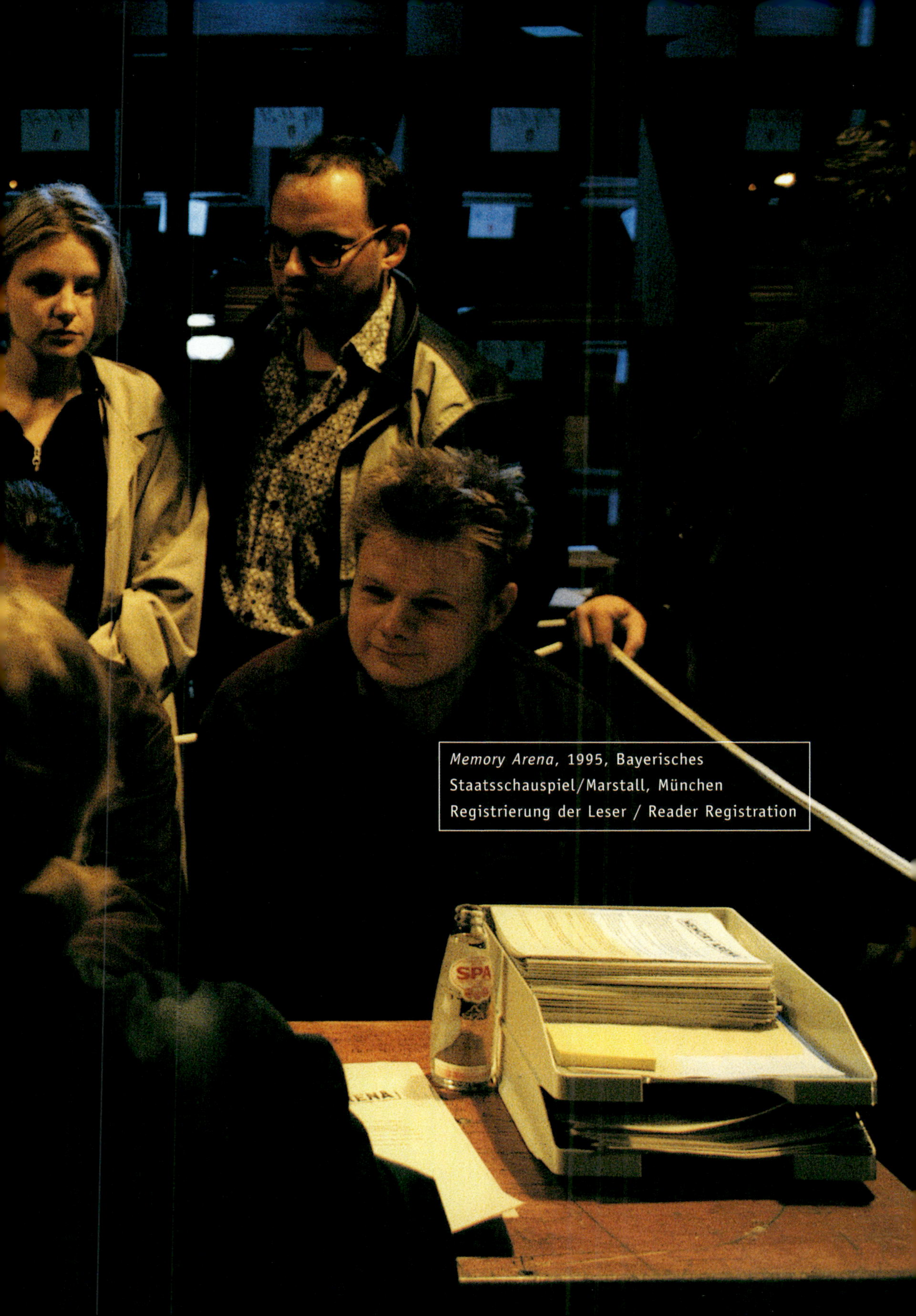

Memory Arena, 1995, Bayerisches
Staatsschauspiel/Marstall, München
Registrierung der Leser / Reader Registration

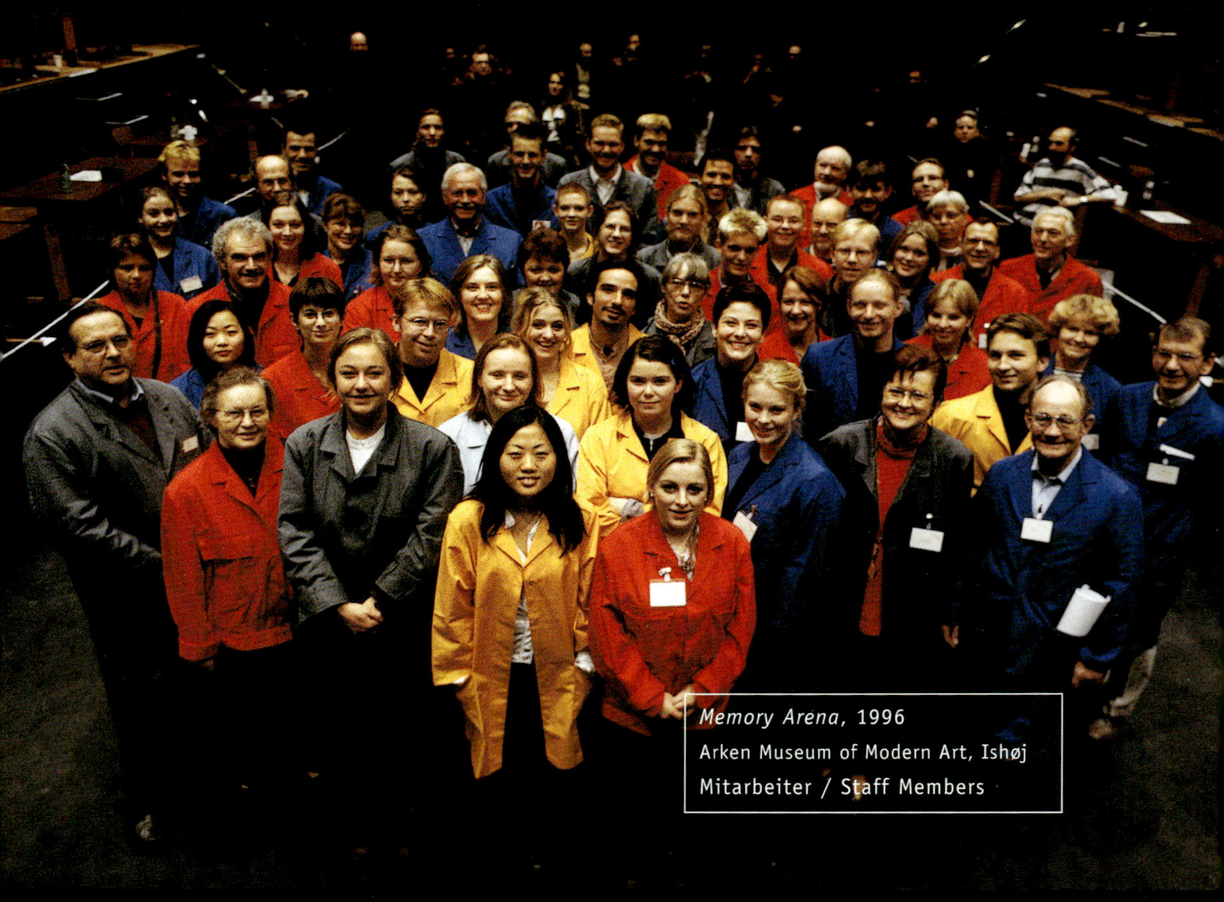

Memory Arena, 1996
Arken Museum of Modern Art, Ishøj
Mitarbeiter / Staff Members

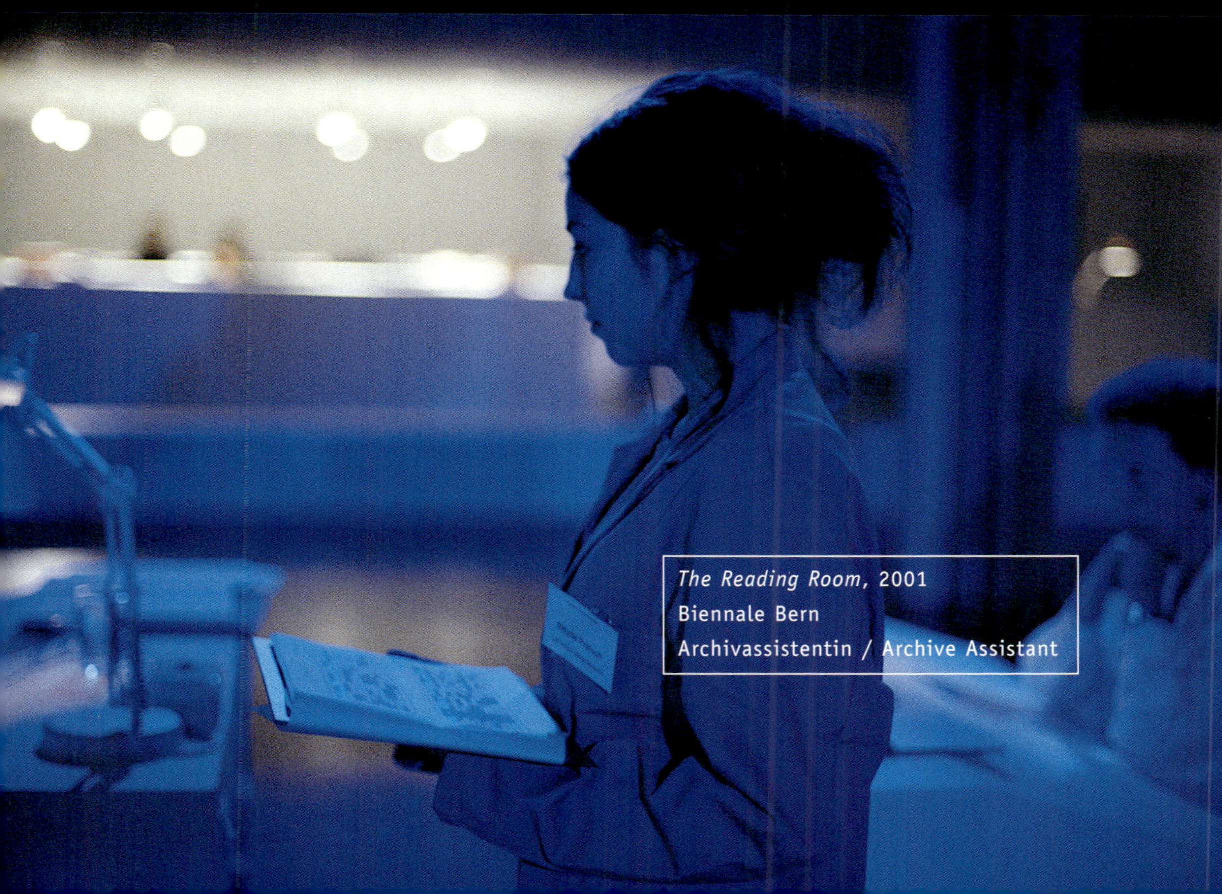

The Reading Room, 2001
Biennale Bern
Archivassistentin / Archive Assistant

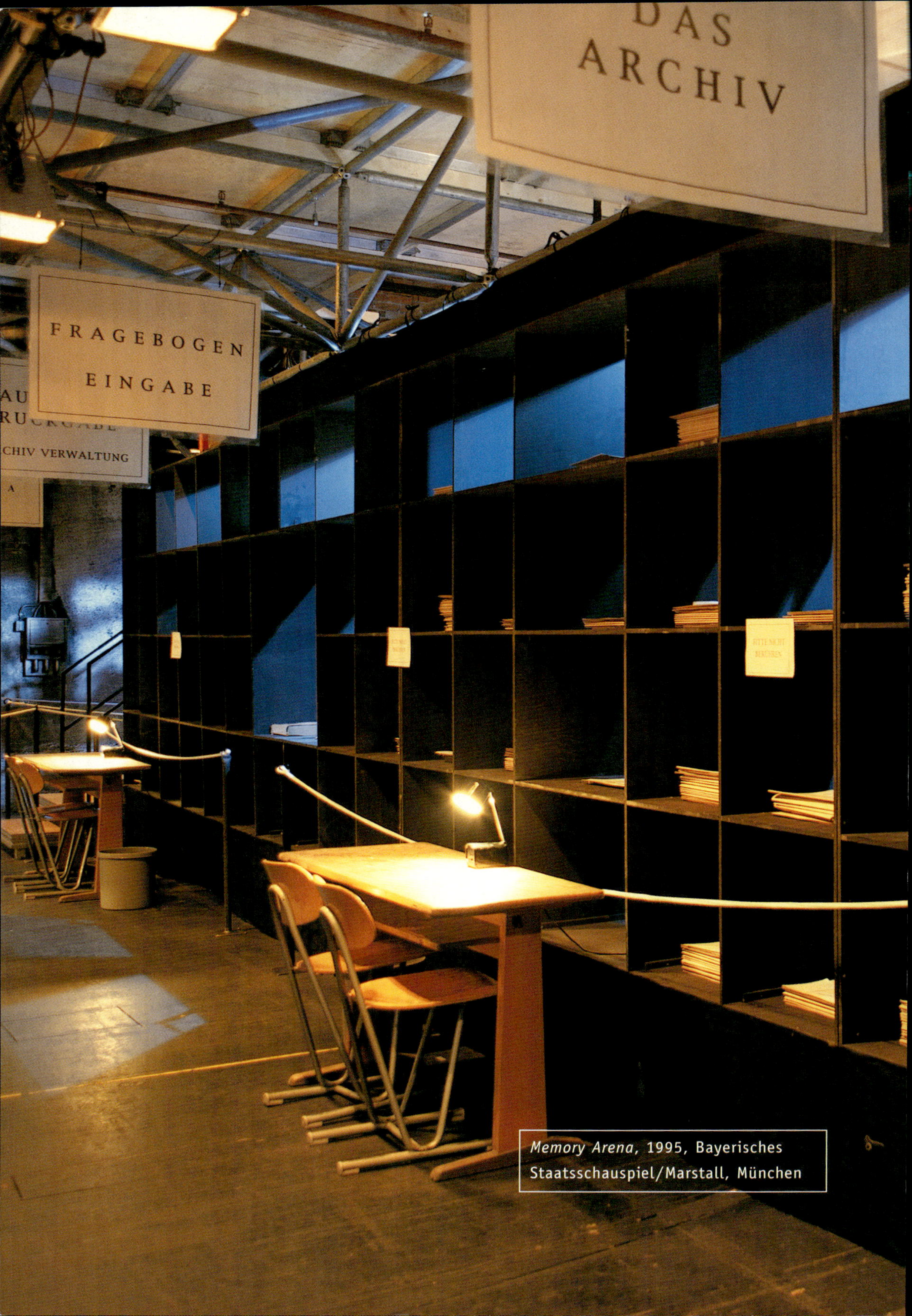

Memory Arena, 1995, Bayerisches
Staatsschauspiel/Marstall, München

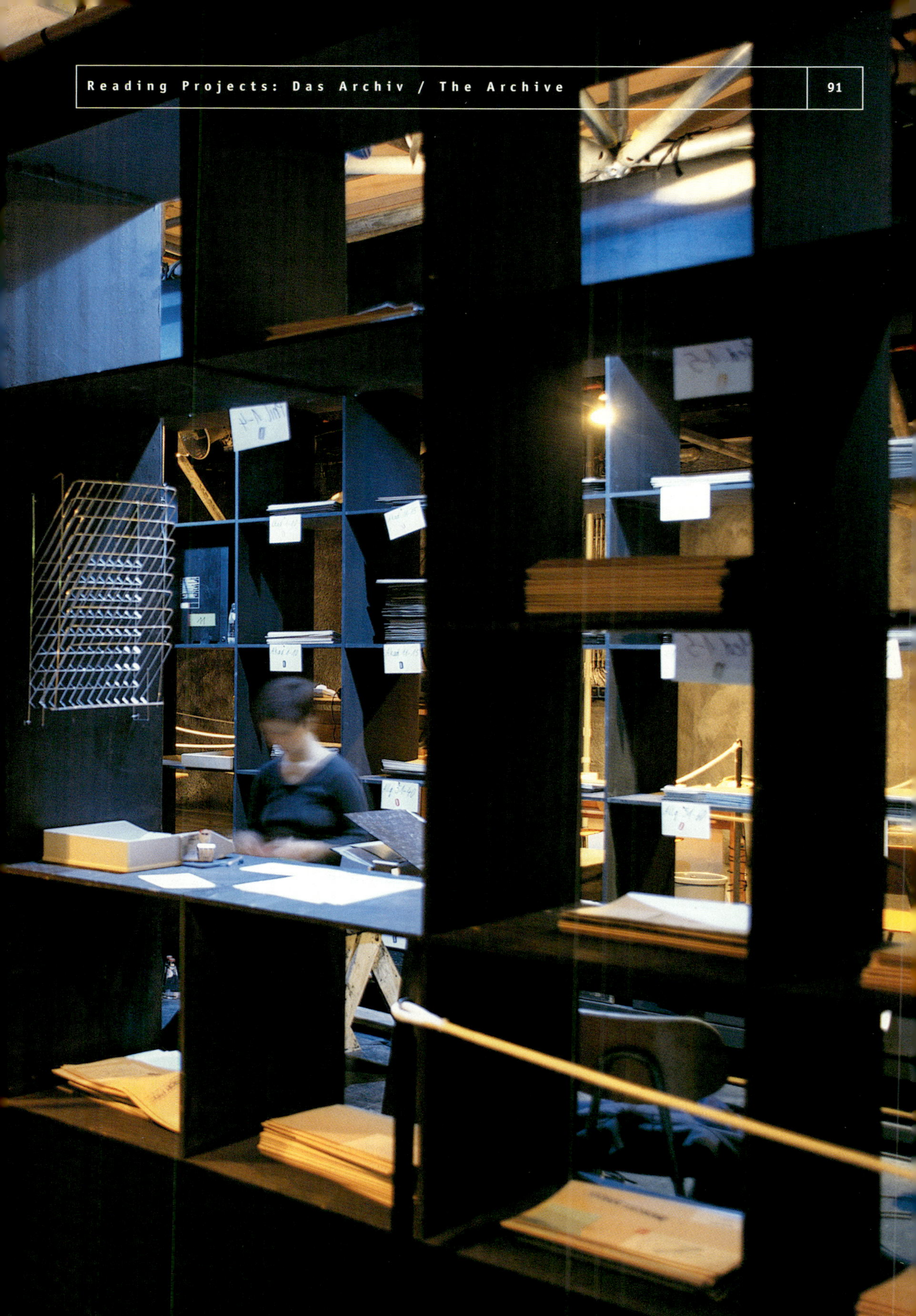

Memory Arena, 1995
Kampnagel Kulturfabrik, Hamburg

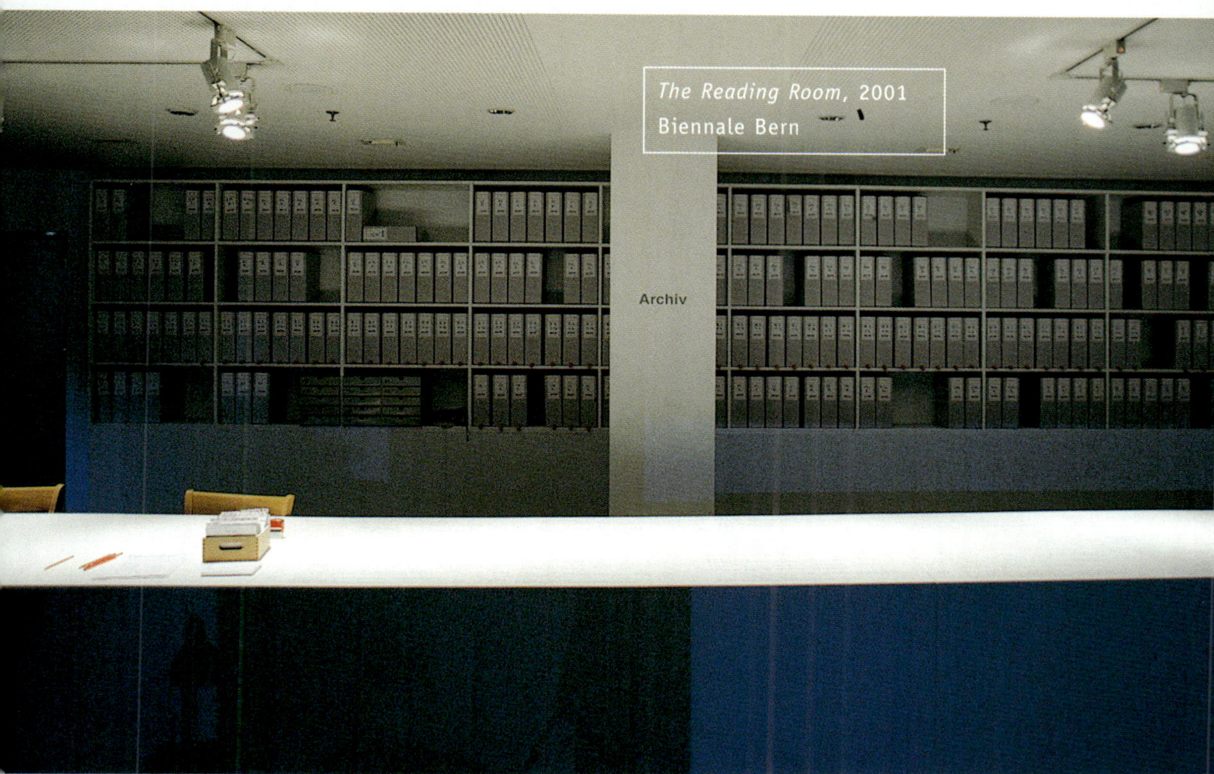
The Reading Room, 2001
Biennale Bern
Archiv

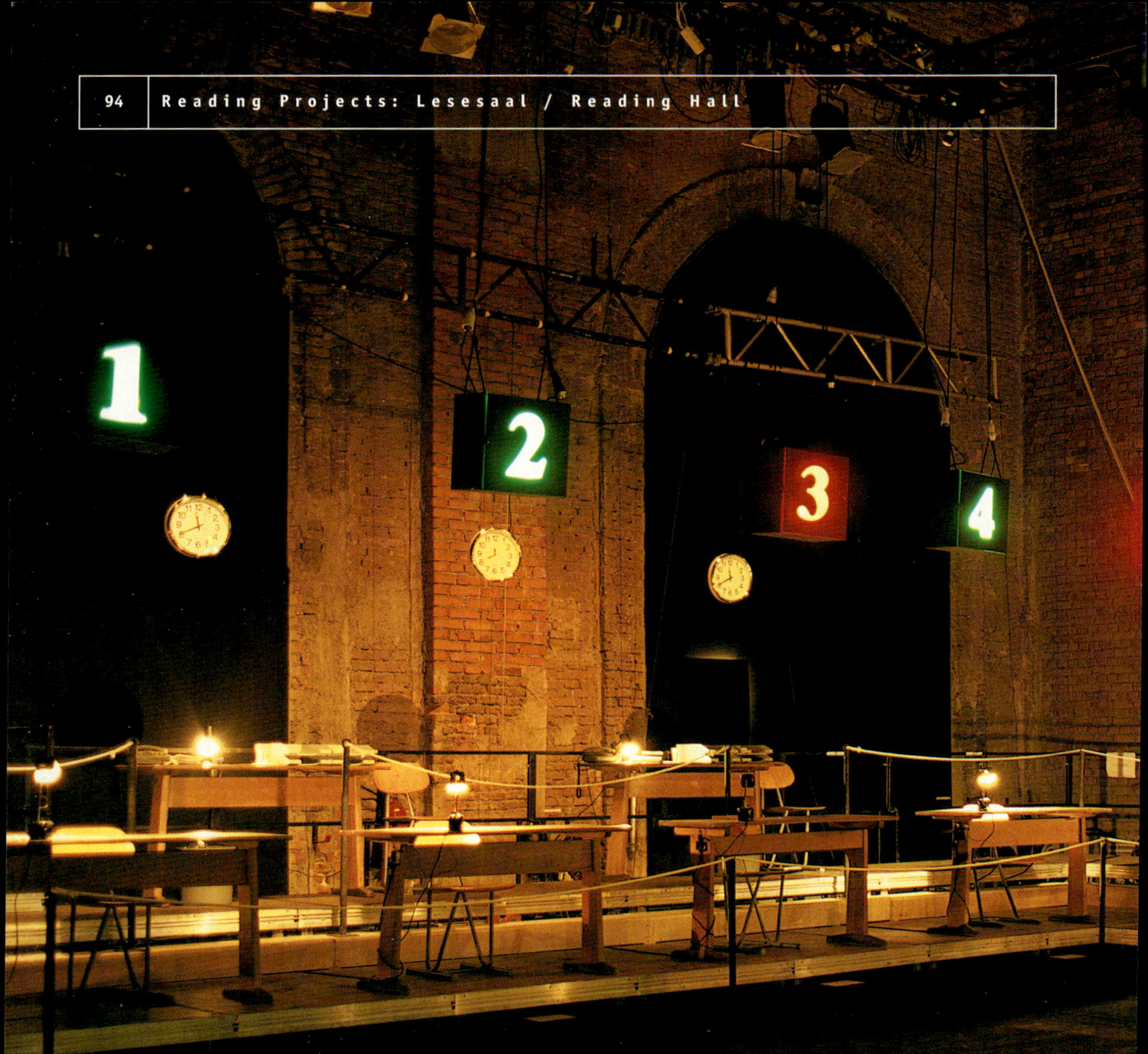

1
2
3
4

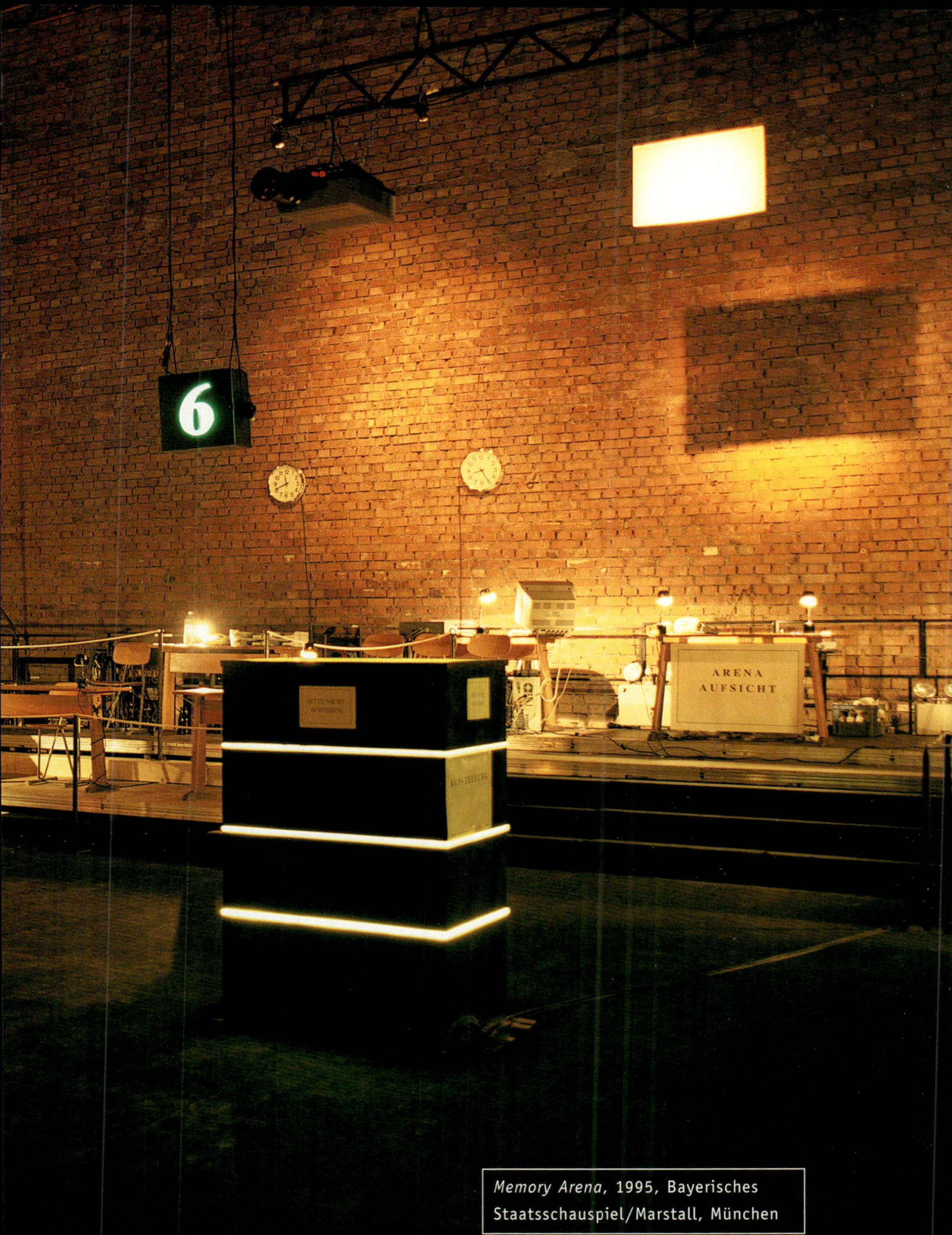

Memory Arena, 1995, Bayerisches
Staatsschauspiel/Marstall, München

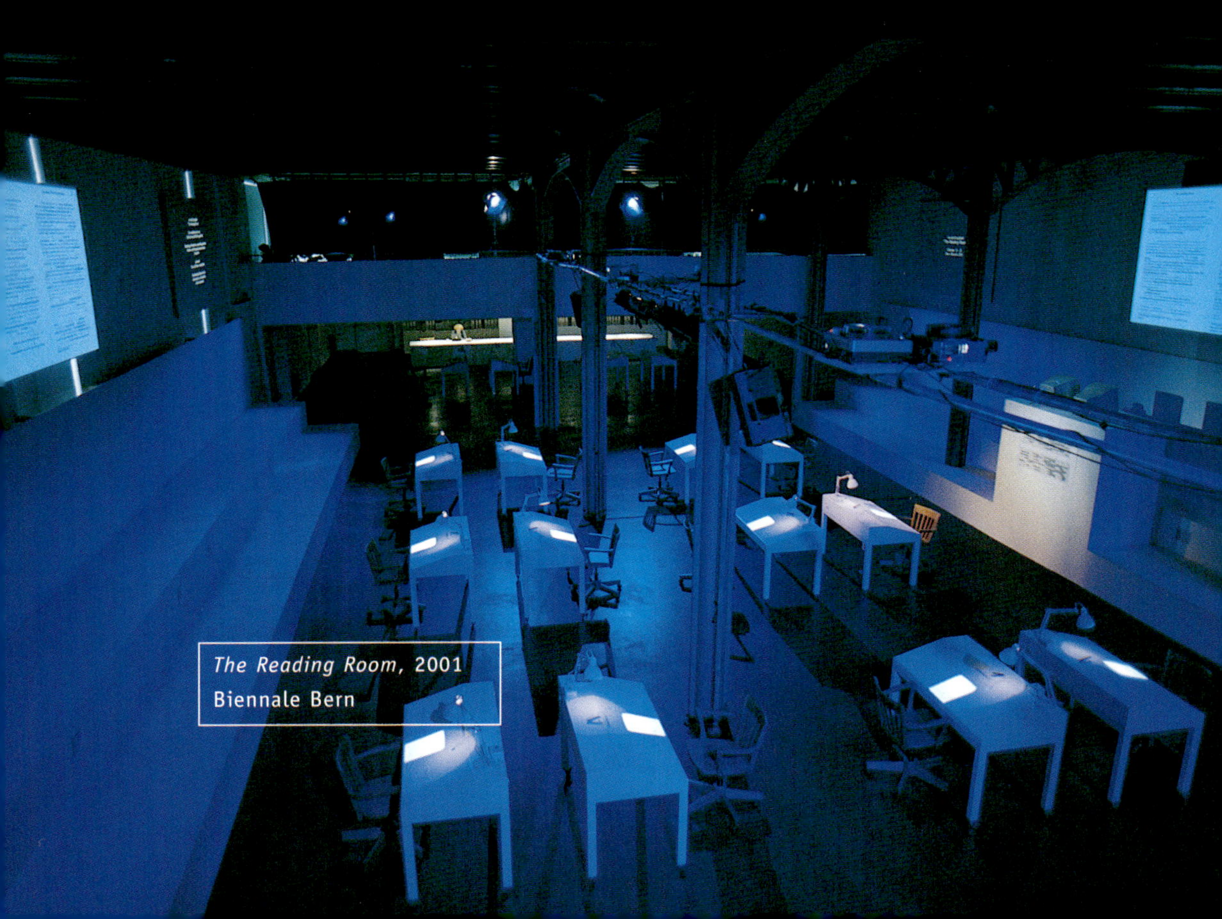

The Reading Room, 2001
Biennale Bern

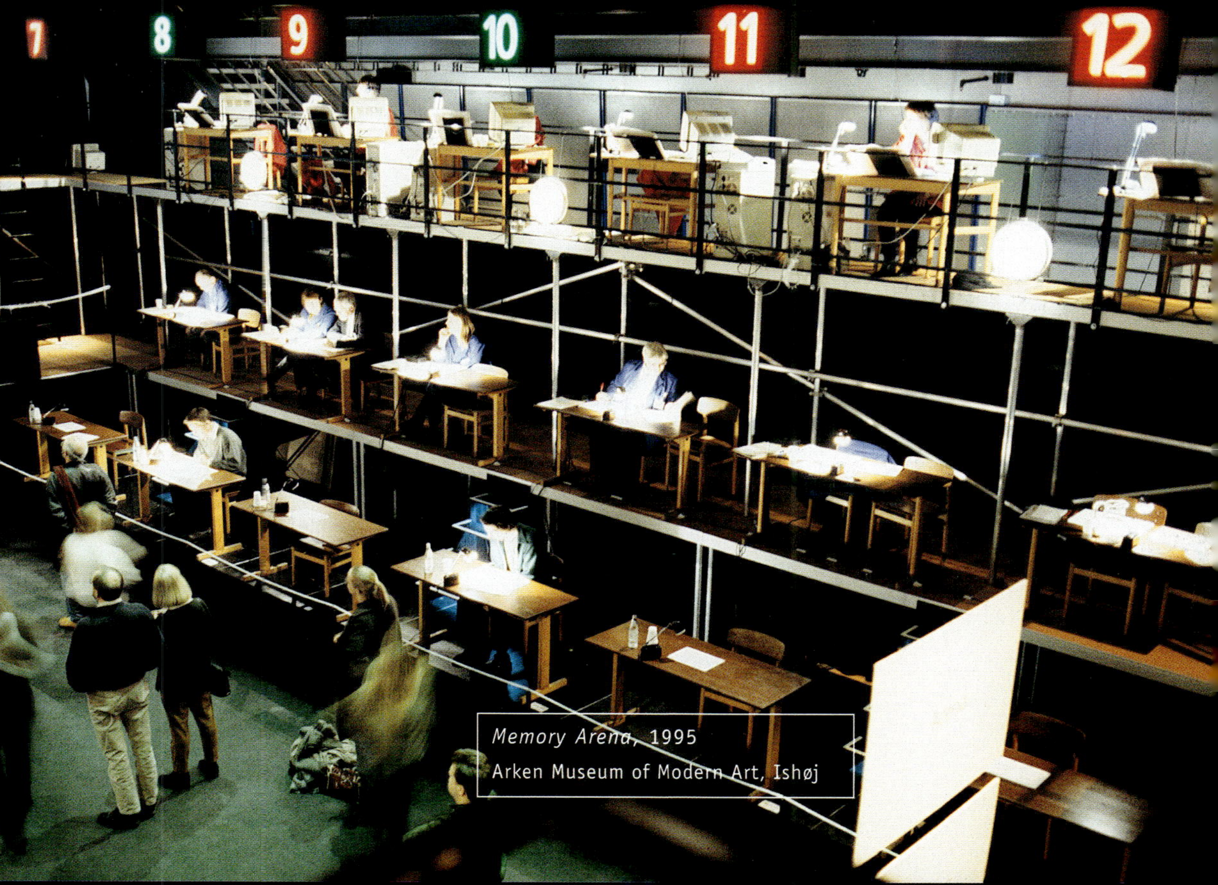

Memory Arena, 1995
Arken Museum of Modern Art, Ishøj

Reste und erhaltene Spuren Viele neuere Werke zum Thema Erinnerung versuchen mittels einer Geste des Widerstands gegen die Bürokratisierung der modernen Gesellschaft einen alternativen Begriff von Identität zu propagieren. Dieser Versuch impliziert häufig einen Rückzug aus dem Öffentlichen ins Private – der Schritt vom *Who's Who* zum Innenleben eines Menschen –, in ein ethnisches oder gemeinschaftliches Erbe – das Wiederauflebenlassen einer verblassenden Tradition – oder ins Autobiografische – die Wiedererlangung der Vergangenheit, indem man sie auf die eine oder andere Weise mit der eigenen persönlichen Geschichte verknüpft. Dreyblatts Projekt hingegen wahrt seine Schärfe, und seine Wichtigkeit für das Überdenken von Identität, Geschichte, Kultur und Erinnerung, indem es sich weigert, sich aus diesen öffentlichen, archivarischen Spuren zurückzuziehen oder diese zu überschreiten.

In Dreyblatts *Reading Projects* wird jedes Lebensfragment eingeschrieben, wiederholt, ja fast sakralisiert, doch diese unironische Aufmerksamkeit für eben diese Erinnerungsprozesse ruft, statt der üblichen Wirkung: Ehrfurcht, Schweigen angesichts der Toten und Nichtwissenkönnen, endlose Echos und Fragen hervor. Die einfachen aber rituellen Lesungen verschieben das übliche Oszillieren zwischen aufgehäuften Fragmenten und einer nicht wieder herstellbaren Ganzheit gelebter Erfahrung. Der Akt, den Namen (und die Geschichte) eines toten Menschen zu lesen und die Vergangenheit von der Gegenwart aus anzusprechen, birgt sowohl einen Aspekt der Wiederherstellung – ein früheres Leben wird

The mode of so much recent work on the subject of memory is to offer a gesture of resistance to the **Remnants and Surviving Traces** bureaucratization of modern society, by attempting to promote an alternate notion of identity. This often involves a retreat from the public to the private (to go from the *Who's Who* to the interior life of an individual), to an ethnic or communal heritage (resurrecting a fading tradition), or to the autobiographical (recovering the past by linking it in some way to one's own personal history). Dreyblatt's project, in contrast, maintains its edge – and its importance for the rethinking of identity, history, culture, and memory – by refusing to retreat from or transcend these public, archival traces.

In Dreyblatt's *Reading Projects* each biofragment is inscripted, repeated, almost sacralized, yet the non-ironic attentiveness to these very processes of memorialization opens up endless reverberations and questions, rather than the usual effects of awe, silence in the face of the dead, and unknowability. The simple yet ritualistic readings displace the customary oscillation between heaped fragments and an unrestorable wholeness of lived experience. The act of reading the name (and story) of someone dead, and of addressing the past from the present, includes both an aspect of restoration – a prior life is inserted into the fabric of the present – and a threat of privation – the recognition of one's own (future) inability to speak, one's own reduction to a voiceless name. Paul de Man, in

in das Gewebe der Gegenwart einbezogen – als auch die Drohung eines Verlustes – die
Anerkennung der eigenen (zukünftigen) Unfähigkeit zu sprechen, die eigene Reduktion
auf einen stimmlosen Namen. In *Autobiography as De-Facement* kommt Paul de Man zu
dem Schluss: Autobiografie (die Prosopopöie der Stimme und des Namens) beraubt und
entstellt genau im selben Maße, in dem sie wiederherstellt. Einem Namen eine Stimme
verleihen, bringt auch die irreduziblen Lücken an Selbstpräsenz und Selbsterkenntnis zum
Ausdruck, die der Sprechakt zu überbrücken sucht, und entstellt dadurch genau jene Figuren des Selbst, die gesprochen werden. Wenn man sie bis zum Äußersten treibt, oder in
diesem Falle, auf ihre summarischen und beschwörenden Notationen reduziert, enthüllt
die biografische Geste, den Namen und die Geschichte eines anderen zu lesen, dass unsere eigene Ganzheit aus Figuren zusammengesetzt ist, die das, was sie zu geben suchen,
immer auch wegnehmen.

Namen und Fragmente von Leben zu lesen, insbesondere von Orten, die während der
letzten 60 Jahre solch gewaltsame Umwälzungen durchlebt haben, ist eine beeindrucken-
de Erfahrung. Man partizipiert an diesem bewegenden Austausch zwischen Vergangenheit
und Gegenwart, und ein Teil der Anziehungskraft, die vor allem für Europäer von *The
Reading Projects* ausgeht, ist der Kontakt mit dem, was ausgelöscht wurde. Gleichwohl
würde ich die These wagen, dass diese Performances die gängige Logik des Gedenkens
stören, bei der Wiederherstellung und Verlust entgegengesetzte Seiten desselben Aktes

Autobiography as De-Facement, concludes: autobiography (the prosopopeia of the voice
and the name) deprives and disfigures to the precise extent that it restores. Giving voice
to a name always also articulates the irreducible gaps in self-presence and self-knowl-
edge that the speech act seeks to bridge, and thereby dis-figures the very figures of the
self that are spoken. The biographical gesture of reading the name and the story of another, when pushed to its limits – or in this case, when stripped to its summary and in-
cantatory notations – discloses that our own wholeness is composed from figures that always also take away what they seek to give.

Reading names and fragments of lives, especially from places that have seen gone
through such violent upheavals in the last 60 years, is a powerful experience. One par-
takes of this haunting interchange between past and present, and part of the attraction
of *The Reading Projects,* for Europeans especially, is this contact with what has been
eradicated. I want to suggest, however, that these performances disturb the usual logic
of commemoration, in which restoration and privation remain opposite sides of the same
act. The reverberations of multiple voices draw attention away from a direct and personal
relation of past and present. The staging of readings (the bureaucratic process, with multiple clerks who control the reading areas) makes us aware that all our desires to remember are always already staged, performed within an arena; the performative force of read-

sind. Die Echos der mannigfaltigen Stimmen ziehen die Aufmerksamkeit von einem direk-
ten und persönlichen Verhältnis von Vergangenheit und Gegenwart ab. Die Inszenierung
der Lesungen (der bürokratische Prozess mit mannigfaltigen Angestellten, die die Lesebe-
reiche kontrollieren) macht uns bewusst, dass all unsere Wünsche, uns zu erinnern, immer
schon inszeniert sind und in einer Arena aufgeführt werden; die performative Kraft, die
im Lesen eines Namens oder Lebensfragments besteht, – ihre beschwörende, suggestive
und kommemorative Macht – hängt von einer solchen Inszenierung ab. Die vielfältigen
Schichten der Zeit sprengen jegliche Logik der Iteration, mittels derer sich das ursprüngliche Ereignis eindeutig von seiner Wiederholung unterscheiden lässt. Nur ein Beispiel:
Das Protokoll, eine riesige Tafel, auf der der Beruf des aktuellen Lesers neben der mitunter
beruflichen Kategorie der Lebensfragmente, die vorgelesen werden, geschrieben steht,
verwischt die Grenze zwischen der Lesung und der archivierten Person. Darüber hinaus
wird die potenzielle Austauschbarkeit von Gegenwart und Vergangenheit durch den Kon-
trast zwischen der archaischen Technik der Kreidetafel, auf der die gegenwärtige Ordnung
der Ereignisse präsentiert wird, und der digitalen Anzeigetafel, auf der während der Lesung die Originaltexte gezeigt werden, kontrastiert: Das aktuelle Ereignis hat die Aura einer früheren Zeit, während frühere Leben durch avancierteste Technik lesbar gemacht werden. Insgesamt fordern uns *The Reading Projects* auf, die Dynamik der Wiederherstellung
zu überdenken, die jedem Projekt einer Lebens(be)schreibung zugrunde liegt.

Aus dem Englischen von Nikolaus G. Schneider

ing a name or biofragment – its powers of evocation, suggestion, and commemoration –
depends on such staging. The multiple layers of time explode any logic of iteration, by
which one might clearly separate an original event from its repetition. One example: the
protocol, a gigantic chalkboard on which the current reader's profession is written alongside the category, sometimes a professional one, of the biofragments to be read, confuses
the boundary between the reading and the archival person. Moreover, the potential inter-
changeability of present and past is dramatized by the contrast between the archaic
technology of the chalkboard used to display the present order of events and the digital
light board used for displaying the original texts as they are read – the present event has
an aura of an earlier era, while prior lives are made legible via cutting edge technology.
Altogether, *The Reading Projects* provoke us to rethink all the dynamics of restoration
that underlie every project of life-writing.

Biografie / Biography

1953 geboren in / born in New York City

1970 – 1974 State University College in / at New Paltz, New York (B. A. 1974); Studium der Literatur und Medienkritik bei / studies in literature and media criticism with Irving J. Weiss; Studium der elektronischen Musik bei dem Komponisten Joel Chadabe / studies in electronic music with the composer Joel Chadabe, State University of New York in Albany

1974 – 1975 State University of New York, Buffalo; Studium am / Studies at the Center for Media Study (Videokunst / video art) bei / with Woody und / and Steina Vasulka (M. A. 1976); Sommer-Kompositionskurse von / attends summer composition classes with Pauline Oliveros, Morton Feldman und / and John Cage

1975 – 1977 Rückkehr nach / Moves back to New York; Kompositionsstudien und Studien der nordindischen klassischen Musik / begins composition study and studies of North Indian classical music; Assistent und Tonband-Archivar für den Komponisten La Monte Young / works as assistant and tape archivist for composer La Monte Young; Assistent bei / assistant to Shigeko Kubota und / and Nam June Paik, Videoprogramm / video program, Anthology Film Archives, New York

1979 Künstlerstipendium / Artist's grant, New York State Council on the Arts, New York City; Video- und Filmlehrer für geistig behinderte Kinder / video and film instructor for mentally handicapped children, Arts Resource Center, East Harlem; Gründung des ersten Musikensembles / founds music ensemble: The Orchestra of Excited Strings

1980 – 1982 Studium der Komposition und Ethno-Musikwissenschaf-

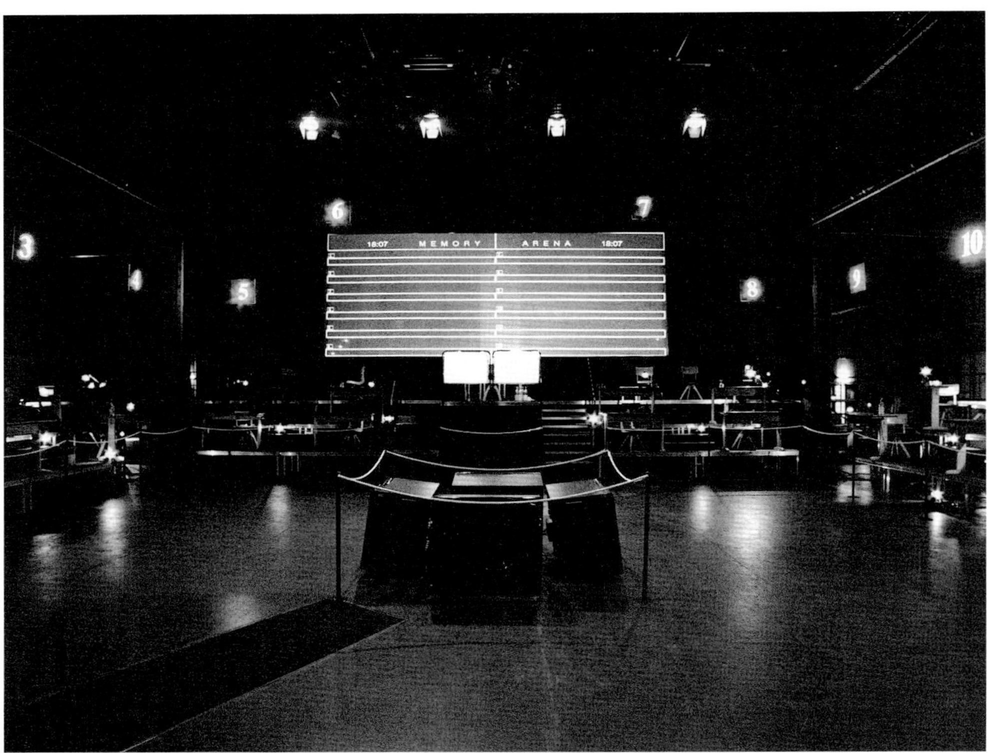

Memory Arena, 1995
Marstall, München

ten / studies composition and ethno-musicology, Wesleyan University (M. A. 1982); Kompositionsstudium bei / composition studies with Alvin Lucier; Dozent / lecturer, Wesleyan University; Rückkehr nach / returns to New York City

1983 – 1984 Europäisches Reisestipendium / European travel grant, Overbrook Foundation; Artist in Residence, Künstlerhaus Betharien, Berlin

1985 – 1986 Stipendium / Grant, Luftbrückendank Foundation, Berlin; Aufenthalte / alternating periods of stay in Berlin und / and Budapest

1987 – 1989 Übersiedlung nach / Moves to Liège, Belgien / Belgium; Artist in Residence, Het Apollohuis, Eindhoven; Composer in Residence, STEIM, Amsterdam; Aufenthalte / interim stays in Budapest

1989 – 1992 Übersiedlung nach / Moves to Prenzlauer Berg in Berlin; Projekt-Vorbereitungsstipendium / project preparation grant, DAAD / German Academic Exchange Service, Berlin; Philip-Morris-Kunstpreis / Philip Morris Art Prize, München / Munich

1993 Projektstipendium / Project grant, Kunstfonds e.V., Bonn

1994 Veröffentlichungsstipendium / Publication grant, Bild-Kunst e.V., Bonn

1995 Projektstipendium / Project grant, Senator für kulturelle Angelegenheiten / Senator for Cultural Affairs, Berlin

1996 Projektstipendium / Project grant, Kulturfonds e.V., Berlin; Lehrauftrag / guest lecturer, Universität Lüneburg, Fachbereich Kulturinformatik / Department of Computer Arts

1997 – 1998 Artist in Residence, Felix Meritis Foundation, Amsterdam

1998 – 1999 Stipendium / Grant, Foundation for Contemporary Performance Art Inc., New York City; Lehrauftrag / guest lecturer, Kunsthochschule Berlin-Weißensee

2000 Förderpreis 2000 für bildende Künste / Award prize in visual arts, Akademie der Künste Berlin

2001 Artist in Residence, Center for the Arts, MIT, Cambridge, Boston

2001 – 2003 Gastprofessur / Visiting professor, Medienkunst / media arts, Hochschule der Bildenden Künste Saar, Saarbrücken

Installationen / Installation Works

Arbeiten, die als Teil größerer Projekte ausgestellt waren, sind in Klammern angegeben. / Works which have been exhibited as a part of larger projects are indicated in parenthesis.

Beats, 1975 Mehrkanal-Sinuswellen-Installation / Multi-channel-sine-wave installation Sinuswellen-Generatoren, Klangsystem / Sine-wave generators, sound system

Vereisung, 1986 Klangkomponente zu einer Installation von Penelope Wehrli in einem Tunnel unter der Siegessäule in Berlin / Sound component accompanying an Installation by Penelope Wehrli in a tunnel under the Victory Monument (Siegessäule) in Berlin

Animal Magnetism, 1992 Elektromagnet, Klangsystem, Luftkompressor / Electromagnet, sound system, aircompressor Der Raum wird durch den Klang des Magnetismus und der Elektrizität aktiviert. Die Bewegung beeinflusst das System durch das Interferenzprinzip. / The space is activated by the sound of magnetism and electricity. Movement affects the system through the principle of interference.

The Party Celluloid, 1992 Linoleumdruck, 60 x 120 cm / Lino-print, 60 x 120 cm Bild aus einem privaten 8mm-Film / Image derived from private 8mm film material

T-Docs, 1993 (T: from the Great and Small Archives, Memory Arena) 84 chronologische Archivdokumente in Plastikhüllen, die an Nägeln mit Abstandsstücken hängen, DIN A4 / 84 chronological archive documents in plastic envelops, hanging on nails with spacers, DIN A4

The Church and the Machine, 1993 (T: from the Great and Small Archives, Memory Arena) Digitaldrucke, DIN A1, laminiert, beweglich und an einem Drahtgestell von der Decke herabhängend sowie ein Videodisplay / Digital prints, DIN A1, laminated, moveable and suspended on wire track and video display Die Drucke und das Video betreffen ein robotergesteuertes Massenspeichersys-

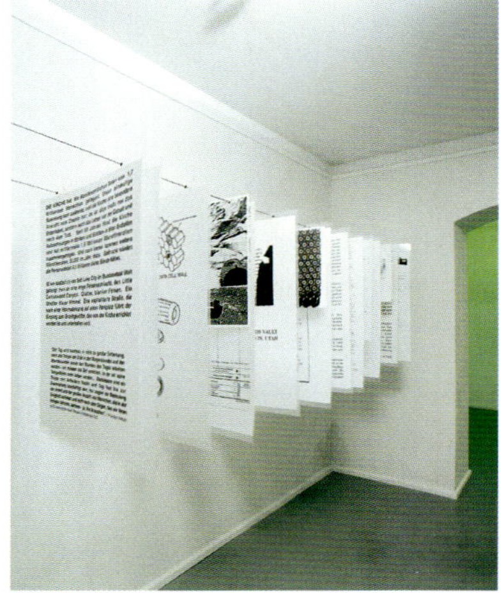

The Church and the Machine, 1993
Galerie o zwei, Berlin

tem, in dem die Akten von einem Roboter-Mönch-Bibliothekar, bei dem persönliche Daten erfasst und gespeichert werden, und einer amerikanischen Sekte, die an einem weltweiten Archivierungsprojekt arbeitet, geordnet und herumbewegt werden. / The prints and video concern a robotic Mass Storage System in which files are ordered and physically moved by a robot monk-librarian and an American church-sect which is pursuing an extensive worldwide archiving project collecting and storing personal data.

The Scrolls, 1993 (T: from the Great and Small Archives, Memory Arena) Computerausdruck auf Papier, 91,5 x 405 cm; montiert auf schwarz bemalte Holzpfähle, die in horizontaler Ausrichtung auf den Boden gelegt werden / Digital plot on paper, 91.5 x 405 cm.; mounted on wooden poles painted black, horizontally placed lying on floor

The Great Archive, 1993 (T: from the Great and Small Archives, Memory Arena) Holzleuchtkasten, Höhe 1,5 m; vier Textfilme, Format DIN A1, Plexiglas, Illumination: Leuchtstoffröhren / Wooden light box, height 1.5 m.; four text films, format DIN A1, plexiglass, illumination: fluorescent tubes

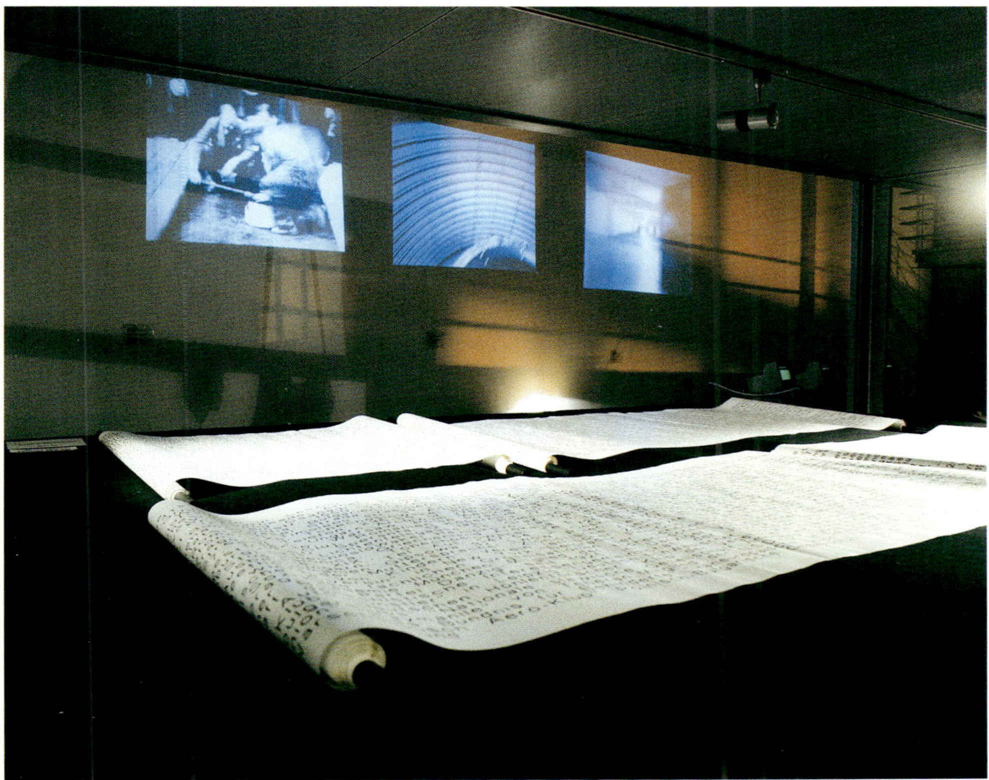

La Scalinate di Piazza d'Italia, 1993 100 individuelle Visitenkarten, erworben in Venedig im August 1992; auf 100 Stufen in Plastikhüllen montiert. Während man die Treppe hinaufsteigt, erscheinen die einzelnen Karten nach und nach in Augenhöhe bis man in einer Dachkammer ankommt, in der sich ausrangierte persönliche Gegenstände befinden. / 100 individual visiting cards, acquired in Venice, August, 1992; mounted in plastic envelopes on 100 steps. As the public ascends, each card gradually appears at eye level until arrival at an attic where one finds discarded personal objects.

The Scrolls and *The Salt Mine*, 1996
Arken Museum of Modern Art, Ishøj

Tiefbau Kabinett, 1994 Zwei simulierte archäologische Fundstellen: eine unterirdische Kohlenzelle mit beleuchteten Vergrößerungsgläsern und nummerierten Archivdokumenten und -büchern; in einer Steinvitrine daneben befinden sich Keramikscherben und Glasgegenstände. / Two simulated archaeological finds: an underground coal cell containing illuminating magnifying glasses and numbered archival documents and books; in an adjacent stone vitrine are found numbered ceramic shards and glass objects.

The Archive Administration, 1995 (Memory Arena, The Memory Project, The Reading Room) Ablagekonstruktion aus Holz, Zugangsbereich mit Katalog, Leseraum, Archivakten und Organisationssystem / Wooden file storage construction, access area with catalog, reading room, archival files and file organizational system

Data Wall, 1995 (Memory Arena) Daten-Projektionsleinwand, Computer, Projektoren, Größe variabel / Data projection screen, computers, projectors, variable size Die Datenwand umfasst 12 Projektionsfenster, in denen sich die

Archivtexte während der Leseperformances von rechts nach links verschieben. Über jedem Fenster befinden sich Angaben über die Nummer und den Titel im Archiv sowie den Namen und Beruf des aktuellen Lesers. Begleitet von Musikdarbietungen erscheinen auf der Projektionsleinwand Informationen aus der Datenbank von *Who's Who in Central & East Europe 1933.* / The Data Wall contains 12 projection windows in which archival texts actively scroll from right to left during reading performances. Above each window, indications are given as to the archive file number and title, and the name and profession of active reader. During musical performances, the projection screen is filled with random information from the database of *Who's Who in Central & East Europe 1933.*

Time Capsule, 1995 (Memory Arena) Verschweißter Stahlbehälter / Welded steel container Die Zeitkapsel ist ein verschweißter Behälter, der im 21. Jahrhundert geöffnet werden soll und in dem sich kulturelle und wissenschaftliche Artefakte befinden. Das Objekt wird häufig zusammen mit Video- und Textdokumenten ausgestellt, die die Herstellung und »Beisetzung« der Zeitkapsel betreffen. / The time capsule is a sealed container holding cultural and scientific artifacts, to be opened in the 21st century. The object is often displayed along with video and text documentation concerning time capsule preparation and burial.

Responsa, 1996 (Memory Arena) Eine auf einen Holztisch montierte Serie von sechs identischen monochromen Computermonitoren / A series of 6 identical monochrome computer monitors mounted on a wood table Texte aus einer Sammlung von Internet-Diskussionen zwischen internationalen Archivaren und Registratoren. Themen: Zerfall von Archivmaterialien, Ablagesysteme, technische Fortschritte im Registraturverwaltung sowie der »Schutzheilige der Archivierung« usw. Die Diskussionen werden als eine Form digitaler automatischer Schrift präsentiert. / Texts from: collection of discussions on the Internet between international Archive and Record Managers. Themes

Memory Arena, 1995
Kampnagel Kulturfabrik, Hamburg

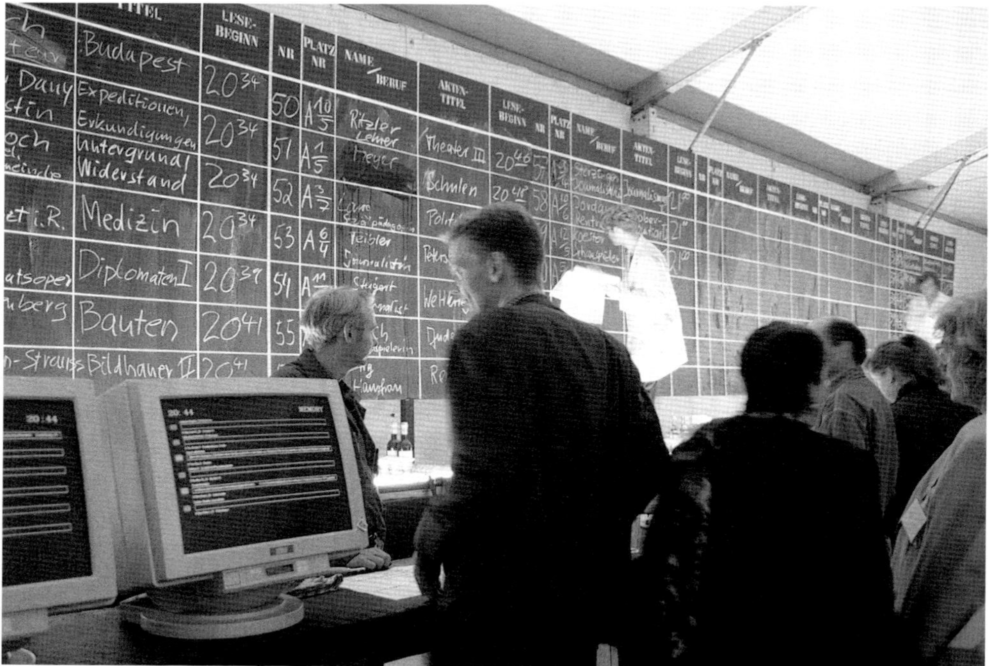

Time Capsule, 1995
Arken Museum of Modern Art, Ishøj

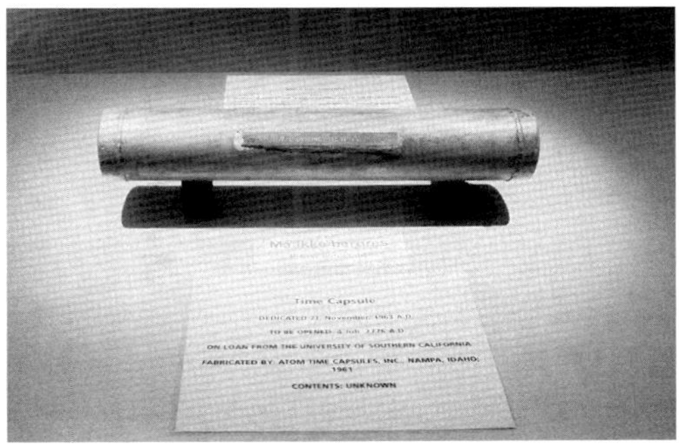

include: decay of archival materials, filing systems, technological advances in record management, and the »Patron Saint« of Archiving, etc. The discussions are presented as a form of digital automatic writing.

Hypertext Navigation Room, 1996 (Memory Arena) Holzkubus, 4 Computer, 8 Monitore / Wooden cube, 4 computers, 8 monitors In Zusammenarbeit mit der Abteilung Kulturinformatik der Universität Lüneburg, Deutschland / In association with the Kulturinformatik Department of the University of Lüneburg, Germany Die Archivmitarbeiter leiten die Besucher bei ihrem Weg durch die Hypertext-Version von Memory Arena und Who's Who in Central & East Europe 1933. Gleichzeitig sind die Ergebnisse dieser Erkundungen auf verschiedenen Monitoren auf den Außenwänden des Holzwürfels sichtbar. / The Archival staff assists the visitors in navigating through a hypertext version of Memory Arena and Who's Who in Central & East Europe 1933. The results of these navigations are visible simultaneously on multiple monitors on the outside walls of the wooden cube.

The Memory Hall, 1998 (The Memory Project) Datenprojektion, Lese- und Plasma-Display-Tische, Holzkonstruktion, Projektionsflächen aus schwarzem Plexiglas, Computernetz / Data projection, reading and plasma display tables, wood construction, projection panels of black plexiglass, computer network Rauminstallation mit folgenden Bestandteilen: schwarze Holzplattform, Archivbereich und vier Rückprojektionsflächen mit kontinuierlicher Präsentation der live übertragenen Software-Suche in der Datenbank: Who's Who in Central & East Europe 1933 / A room installation which comprises a black wooden platform, an archive area, and four rear projection panels which continually display live software searches through the database: Who's Who in Central & East Europe 1933

Index, 1998 (La Scalinate di Piazza d'Italia) Gerahmte Sammlung von 81 individuellen Visitenkarten, erworben in Venedig im August 1992 / Framed collection of 81 individual visiting cards, acquired in Venice, August 1992 140 x 105 x 4 cm, weißer Rahmen, Passepartout / 140 x 105 x 4 cm., white frame, mount

The ReCollection Mechanism, 1998 (From the Archives) Schwarzer Raum, Computer-Datenprojektion, von der Decke herabhängendes zylinderförmiges Netz, Lautsprecheranlage, Größe variabel / Black room, computer data projection, suspended cylindrical wire screen, sound equipment, size variable

T-Mail, 1999 (From the Archives) Datenprojektion auf Plexiglas, Lautsprecheranlage, Größe variabel / Data projection on plexiglass, sound equipment, size variable

Artificial Memory, 1999 (From the Archives) Computerausdruck auf Papier, matt, transparent, mit Plastik beschichtet, 18 x 0,91 m, auf Holzsockel montiert, Illumination: Leuchtstoffröhren / Digital plot on paper, matt, transparent, plastic coated, 18 x 0.91 m., mounted on wood base, illumination: fluorescent tubes

The Wunderblock, 2000 Tisch aus MDF mit einmontiertem TFT-Monitor und Computer, Stuhl / Table from MDF with internally mounted TFT-display and computer, chair

The Open Book, 2001 (The Reading Room) Daten-Projektion auf schwarzem Plexiglas, Größe variabel / Data projection on black plexiglass, size variable Bei der Projektion handelt es sich um eine digitale Simulation eines offe-

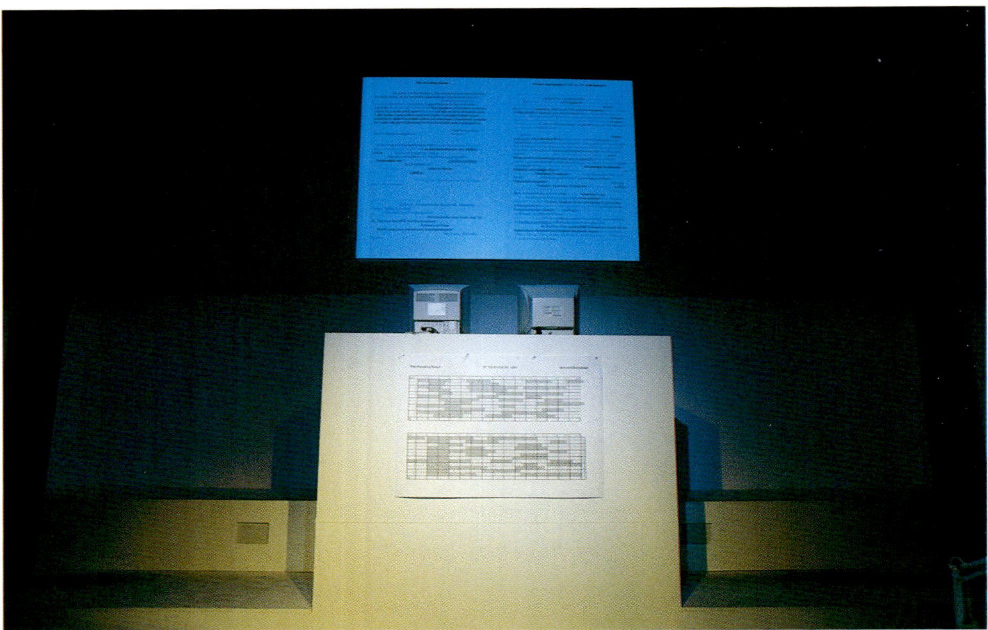

nen Buches, das sich selbst im Verlauf der Zeit neu schreibt. Die Textbausteine werden nach dem Zufallsprinzip aus einer Datenbank ausgewählt und auf einer beliebigen Zeile überschrieben. / The projection is a digital simulation of an open book which rewrites itself over time. The text phrases are randomly accessed from a database and are overwritten randomly on a line. **Texte aus** / Texts from: Schweizerisches Bundesarchiv, Bern; Archiv für Zeitgeschichte, Zürich; ETH Zürich; Adolf Wölfli; Forschungsprojekt Albrecht von Haller, Bern; etc.

Flashbulb Memory, 2002 Drei an der Wand montierte Stroboskope mit Text auf Film. Die Stroboskope leuchten in einer zeitlich gestaffelten Abfolge von je sechs Sekunden auf. / Three wall-mounted stroboscopes with text on film. The stroboscopes flash in a staggered 6 second sequence. **Texte** / Texts: frame freeze, event recall, now print

Recovery Rotation, 2003 Rotierende stroboskopische Textmaschine, in Plexiglas geschnittener Text / Rotating stroboscopic text Machine, text cut in plexiglass

| The Open Book, 2001 |
| Biennale, Bern |

| **Filme und Videoarbeiten** / Films and Video Works |

Arbeiten, die als Teil größerer Projekte ausgestellt waren, sind in Klammern angegeben. / Works which have been exhibited as a part of larger projects are indicated in parenthesis.

A Tossup with the Steadfast Aggregate, 1974 Animierter 16mm-Film und Tonband / Animated 16mm film and electronic audio tape Animation von 1.000 vielarmigen tibetanischen Figuren, die in der Zeit von Kaiser Ch'ien Lung (1736–1796 n. Chr.) von Loan-Ska geschaffen wurden / Animation of 1,000 multi-armed Tibetan figures composed by Loan-Ska at the time of the emperor Ch'ien Lung (1736–1796 A. D.) Tonspur hergestellt im Electronic Music Studio in S.U.N.Y. Albany, New York / Audio produced at the Electronic Music Studio at S.U.N.Y. Albany, New York

Uranus, 1974 Videoband / Videotape, 1/2 inch, 13 min., Loop; Stroboskopisches Feedback, Schwarz-Weiß, mittels hoher Geschwindigkeit erzeugte Farbwahrnehmung / Stroboscopic feedback, black & white, fast speed generates perception of color In der Sammlung der / In the collection of the Donnell Library, New York; Anthology Film Archives, New York; The Vasulkas Archive, Santa Fe

Decay, Oscillations, 1975 Videoband / Videotape, 1/2 inch, 22 min., Loop; Stroboskopische Farboszillationen / Stroboscopic color oscillations In der Sammlung der / In the collection of the Donnell Library, New York; Anthology Film Archives, New York; The Vasulkas Archive, Santa Fe

Lapse, 1976 Videoband / Videotape, 1/2 inch, 16 min., Loop; Stroboskopische Farb-Interferenz-Muster / Stroboscopic color interference patterns In der Sammlung der / In the collection of the Donnell Library, New York; Anthology Film Archives, New York; The Vasulkas Archive, Santa Fe

Collapse, 1991 (Who's Who in Central & East Europe 1933) Computerdaten auf 16mm-Film, Farbe, 12 Min. / Computer data on 16mm film, color, 12 min. Texte aus / Texts from: *Who's Who in Central & East Europe 1933* (Datenbank / database)

Exploding Library, 1992 (T: from the Great and Small Archives, Memory Arena) Videoband / Videotape, VHS, 6 min., Loop; Ein robotergesteuertes Massenspeichersystem, bei dem die Akten von einem Roboter-Mönch-Bibliothekar geordnet und herumbewegt werden. Die Maschine zerstört sich in regelmäßigen Abständen selbst. / A robotic mass storage system in which files are ordered and physically moved by a robot monk-librarian. The machine periodically self-destructs.

The Salt Mine, 1996 (T: from the Great and Small Archives) Videoband / Videotape, 17 min., Loop Videodokumentation über ein Dokumentendepot in einer riesigen Salzmine in Colorado, die Einweihung der ersten dokumentierten Zeitkapsel sowie ein robotergesteuertes Massenspeichersystem. / Video Documentation of document storage in an enormous Salt Mine in Colorado; the dedication of the first documented Time Capsule; and a robotic mass storage system.

The March, 1999 (From the Archives) DVD, Rückprojektion, 10 min., Loop / Rear Projection, 10 min., Loop Materialquelle / Source materials: Haus der Wannsee-Konferenz. Monochrome Rückprojektion mikroverfilmter Archivdokumente, endlose Lateralbewegung / Monochrome rear projection of microfilmed archive documents, lateral endless movement from left to right

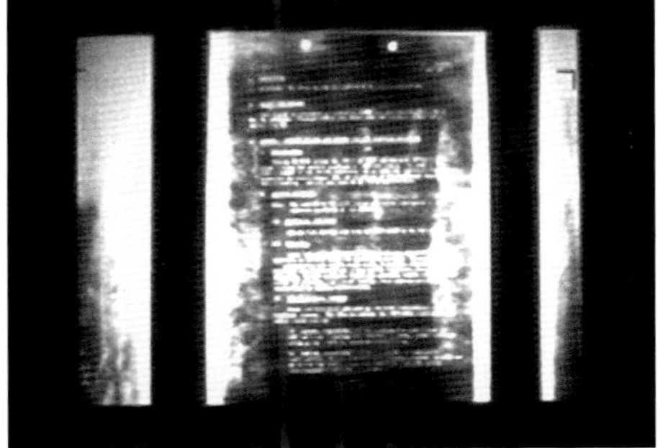

The March, 1999
DVD, Still

Die Luftmenschen, 1988 Multimedia-Performance, im Auftrag der Ars Electronica, Linz / Multimedia performance, commissioned by Ars Electronica, Linz 480 aufbereitete Standbilder aus privaten »Home-Movies«, digital gesteuertes Projektionssystem, Musik: magnetisch verstärkte Stahldrähte in Verbindung mit einem dynamischen Prozessor-»Gating«-System / 480 reprocessed still frames selected from personal home movies, digitally controlled slide projection system, music: magnetically amplified steel wires in conjunction with a dynamic processor »gating« system

Star Trap, 1991 Multimedia-Performance konzipiert für das Zeiss Großplanetarium, Berlin / Multimedia performance conceived for the Zeiss-Gross Planetarium, Berlin Lichtstrahl-Projektion in die Kuppel des Planetariums,
6 Sprecher, von einem Musikerensemble aufgeführte Komposition / Light beam projection on planetarium dome,
6 speakers of texts, music composition performed by music ensemble Texte aus / Texts from: J. H. Mädler,
Geschichte der Himmelskunde von der Ältsten auf Neueste Zeit, Weimar 1839; H. H. Voigt, *Abriß der Astronomie,*
Zürich 1975; *Catalogs of Ptolemy and Ulugh Begh,* London 1907; M. Sedillot, *Prolegomenes des Tables Astro-
nomiques D'Ouloug Beg,* Paris 1853; V. P. Shcheglov, *The Star Atlas,* Tashkent 1978; etc.

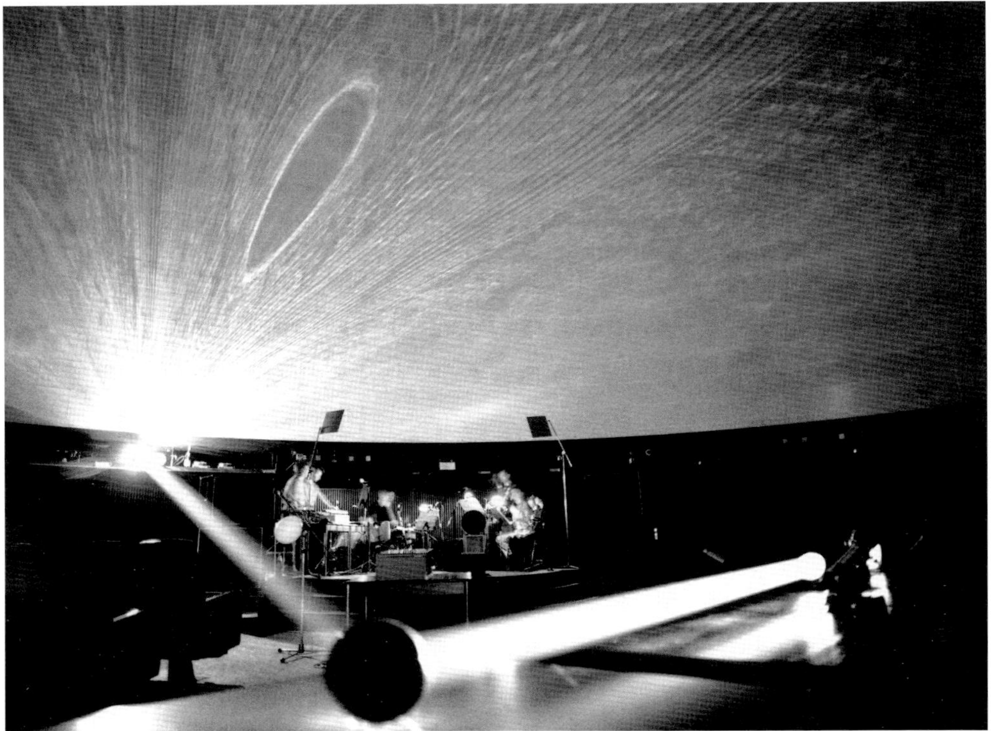

Who's Who in Central & East Europe 1933, 1991 Hypertext Multi-
media-Oper / Hypertext multimedia opera Sänger Shelley Hirsch, drei
Sprecher der Texte, Komposition aufgeführt von einem Musikensemble,

Star Trap, 1991
Zeiss Großplanetarium, Berlin

per Computer synchronisiertes Diaprojektions-System, Achtkanal-Klang-Environment, 16mm-Film-Projektion / Vo-
calist Shelley Hirsch, three speakers of texts, composition performed by music ensemble, computer synchronized
slide projection system, eight channel sound environment, 16mm film projection Räumliche Anordnung nach Art
eines Proszeniumsbogens, in dem eine Serie semitransparenter Projektionsleinwände die Bühne seitlich in farbige
Licht- und Projektionszonen unterteilt. Private Amateurfotografien, Film- und Tondokumente, die die Regionen und
die jeweilige Zeit repräsentieren, wurden aus Archiven und Privatsammlungen ausgewählt. Die Vortragenden wurden in eine Komposition aus rekonstruierten Bildern und Computertext-Fragmenten einbezogen. Die Teilnehmer
sangen und sprachen ein aus *Who's Who in Central & East Europe 1933* zusammengestelltes Opernlibretto. / Set in a

proscenium arch situation, in which a series of scrim projection screens divided the stage space laterally into colored light and projection zones. Private amateur photography, film, and documentary sound materials representing the regions and the time period were selected from archives and personal collections. The performers were integrated into a composition of reconstructed images and fragments of computer text. An opera libretto composed from *Who's Who in Central & East Europe 1933* was sung and spoken by the performers. **Texte aus** / Texts from: *Who's Who in Central & East Europe 1933* (Datenbank / database); Bilder / Images: Horus Archive, Private Film Archive, Budapest; Klangmaterial / Sound Material: German Radio Archive

Memory Arena, 1995 Bei *Memory Arena* lasen 700 eingeladene Teilnehmer über einen Zeitraum von drei oder vier Tagen in jeder der verschiedenen Städte (Hamburg, München und Kopenhagen) gemeinsam jeden Tag über 16 Stunden lang aus *Who's Who in Central & East Europe 1933* vor und wurden dabei von 40–50 Mitgliedern des Personals betreut. Beim Betreten der Installation werden die Menschengruppen zunächst durch eine labyrinthartige Transitstation geschleust, wobei sie mehrere Gänge, Warte- und Verwaltungsbereiche und thematisch verwandte Ausstellungen durchquerten. Im Zentrum stand ein voll funktionsfähiges Archivsystem, aus dem Akten entnommen und zum Vorlesen in den zentralen Performancebereich, die Arena, gebracht wurden. In der Arena war das Publikum auf drei Seiten von einer Plattform mit zwölf Lesestationen umgeben. / For over 16 hours over 4 days the *Memory Arena* processed 700 invited representatives in each of the various city-sites (Hamburg, Munich and Copenhagen). These persons read collectively from *Who's Who in Central & East Europe 1933* under the administration of 40–50 staff members. Upon entering the installation, crowds are first processed through a labyrinth-like transit station, passing through numerous passageways, waiting and administrative areas and thematically related exhibitions. The focal point was a fully operational archival system from which files are checked out and transported to be read aloud in a central performance space, the Arena. In the Arena, a platform containing twelve reading stations covering three sides of the space surrounded the public. **Texte aus** / Texts from: *Who's Who in Central & East Europe 1933* (Datenbank / database)

The Memory Project, 1998 *The Memory Project* war eine dreiwöchige Installation, in der digitale Daten aus *The Reading Projects* sowie biografische Daten aus dem zeitgenössischen Amsterdam gemeinsam präsentiert wurden. Für die Dauer der Ausstellung wurde die Installation durch »Live«-Lesungen von historischem Material belebt. Während der Performances betreuten 18 Personen die Installation. 550 eingeladene Personen nahmen an den Lesungen teil, bei denen zu jedem beliebigen Zeitpunkt zwischen einer und neun Person(en) laut vorlesen konnten. Der Veranstaltungsort bestand aus einem Monumentalbau in der Mitte, wo sich vier schwarze Projektionsleinwände sowie das Archivdepot befanden, das von Learealen und zusätzlichen digitalen Displayflächen umgeben war *(The Memory Hall)*. / *The Memory Project* was presented as a three-week Installation, in which digital data from *The Reading Projects* were displayed alongside collected biographical data from contemporary Amsterdam. During the installation period the installation came to life through the intervention of live readings of historical material. A staff maintained the installation with 18 persons during the performances. 550 invited personalities from Amsterdam participated in readings in which one to nine persons might be reading out loud at any given time. The setting consisted of a large central monumental structure supporting 4 black transparent projection screens and containing the archival storage area; surrounded by reading areas and additional digital display surfaces *(The Memory Hall)*. **Texte aus** / Texts from: *Who's Who in Central & East Europe 1933* (Datenbank / database)

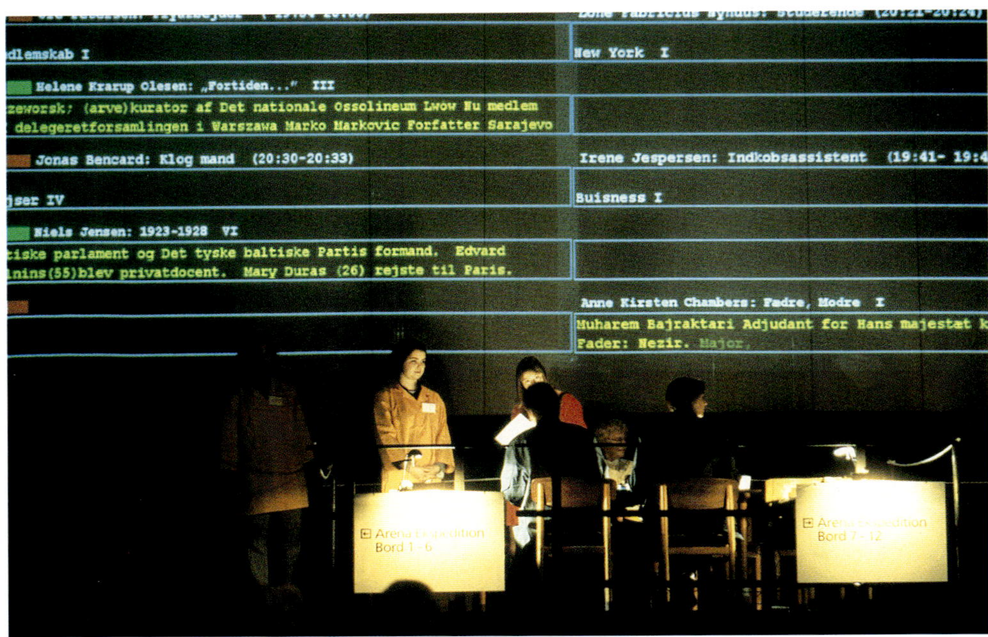

Data Wall, 1995
Arken Museum of Modern Art, Ishøj

Fernglas, 1999 Leseperformance in *Anatomisches Theater* von Inge Mahn, Virchow-Hörsaal, Charité, Berlin / Reading performance in *Anatomisches Theater* by Inge Mahn, Virschow Lecture Hall, Charité Hospital, Berlin. **Texte aus** / Texts from: H. H. Voigt, *Abriß der Astronomie,* Zürich 1975; Jan Faktor, *ungesund,* Berlin 1995; S. Seligmann, *Augendiagnose und Kurpfuschertum,* Berlin 1910. Teilnehmer: Medizinstudenten und Professoren der Universitätsklinik und Studenten der Kunsthochschule Berlin-Weißensee / Participants: medical students and professors of the University Clinic and students of the Art Academy of Berlin-Weißensee

Junko Wada Diary, 2001 Leseperformance / Reading performance Im Rahmen des Projektes *Arbeitswoche* von Junko Wada / As part of the project *Arbeitswoche* of Junko Wada. **Teilnehmer** / Participants: Hans Peter Kuhn, Akio Suzuki, Stefan Kurt, Irving J. Weiss, Folke Hanfeld, etc.

The Reading Room, 2001 Eine zehntägige interaktive Performance-Installation, an der sich 348 Berner Bürger beteiligten. Das Werk fungierte als ein zentrales Portal für die Berner Biennale und als Schauplatz der täglichen »Live«-Lesungen, ein audiovisuelles Installations-Environment und verschiedene Festivalaktivitäten. Die öffentlichen Lesungen fanden dreimal täglich statt und dauerten jeweils 30 Minuten. Als Materialquellen wurden Texte über die Geschichte von Minderheiten und Immigranten in der Schweiz (die extra für dieses Projekt in Schweizer Archiven recherchiert und von dort zusammengetragen wurden) mit Archivmaterialien aus anderen Leseprojekten kontrastiert. Gruppen und Organisationen aus der Region Bern wurden für die Teilnahme an den täglichen öffentlichen Lesungen ausgewählt und registriert. Jeden Tag stand ein anderes Thema und eine andere Quelle im Vordergrund. Das für die Installation zuständige Personal koordinierte die Registrierung und Ankunft der eingeladenen Vorleser. / A ten-day interactive performance-installation in which 348 Bern citizens took part. The work

The Scribes, 2002, Wasserspeicher, Berlin

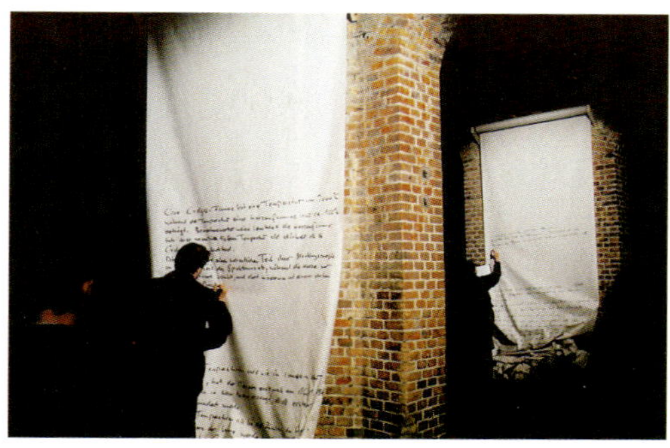

functioned as a central Portal for the Bern Biennale as well as the setting for daily »live« reading events, an audio-visual installation environment, and selected festival activities The public reading Events took place three times a day for 30 minutes. As source material, texts on the history of minority and immigrant presence in Switzerland which have been researched and collected especially for the project from archives in Switzerland were contrasted with archival material from other Reading Projects. Groups and organizations from the Bern region were selected and registered for participation in the daily public readings. Each day represented a differing textual theme and source. The installation staff coordinated the registration and arrival of the pre-invited readers. Texte aus / Texts from: Schweizerisches Bundesarchiv, Bern; Archiv für Zeitgeschichte, Zürich; ETH Zürich; Adolf Wölfli; Forschungsprojekt Albrecht von Haller, Bern; etc.

The Scribes, 2002 Schreibperformance, Installation, herabhängende Papierrollen, Ton: Sinuswellen-Komposition / Writing performance, installation, hanging paper rolls, sound: sine wave composition Texte aus: Internet; Thema: Feuer und Brandstiftung / Texts from: Internet; Theme: fire and arson Teilnehmer: derzeitige und ehemalige Studenten der Kunsthochschule Berlin-Weißensee / Participants: students and former students of the Kunsthochschule Berlin-Weißensee

From the Archives, 2003 Leseperformance / Reading performance Konzipiert für den Empfang anlässlich der Eröffnung der Ausstellung *Aus den Archiven* in der Stadtgalerie Saarbrücken / Conceived for the opening reception of the exhibition *From the Archives* at the Stadtgalerie Saarbrücken Texte aus / Texts from: Gertrude Stein; Sigmund Freud; Schweizerisches Bundesarchiv, Bern; Archiv für Zeitgeschichte, Zürich

Installationen und Performances 1988 – 2003 / Installations and Performance Works 1988 – 2003

1988 *Die Luftmenscher.,* Multimedia Performance; Ars Electronica, Linz; Het Apollohuis, Eindhoven
1990 *Animal Magnetism,* Installation; Fletch Bizzel, Dortmund

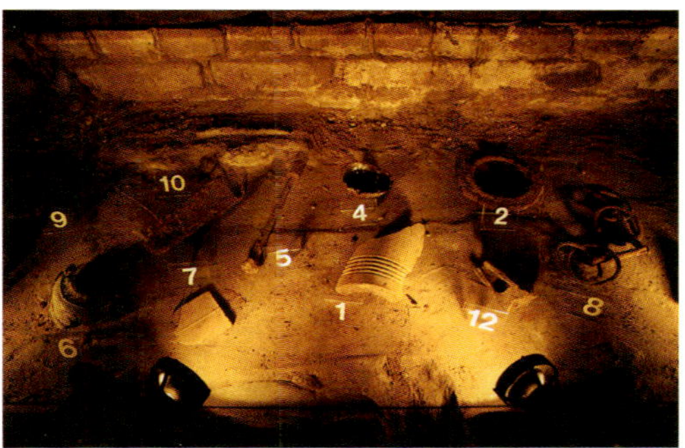

Tiefbau Kabinett, 1994, Galerie o zwei, Berlin

1991 *Who's Who in Central & East Europe 1933,* Multimedia Opera; Inventionen 91, Berlin; Kulturpalast, Dresden; Gasteig, München; Wiener Festwochen, Wien // *Star Trap,* Multimedia Performance; Zeiss Großplanetarium, Berlin
1992 *The Party Celluloid,* Linoleumdruck / Lino-print; ShinShin Gallery, Berlin

1993 *La Scalinate di Piazza d'Italia,* Installation; Galerie o zwei, Berlin // *T: Aus den Großen und Kleinen Archiven,* Einzelausstellung / Solo Exhibition; Galerie o zwei, Berlin

1994 *Who's Who in Central & East Europe 1933,* Multimedia Opera; Festival Berlin Dnes a Tady – Berlin Hier und Jetzt, in Zusammenarbeit mit / in collaboration with Goethe-Institut, Praha // *Tiefbau Kabinett,* Installation; Galerie o zwei, Berlin

1995 *Memory Arena,* Ausstellung / Exhibition, Performance (in Zusammenarbeit mit / in cooperation with Fred Pommerehn); Kampnagel Kulturfabrik, Hamburg; Bayerisches Staatsschauspiel/Marstall, München // *Who's Who in Central & East Europe 1933,* Multimedia Opera; Kunstmuseum, Wolfsburg; Petöfi Czarnok, Budapest, in Zusammenarbeit mit / in collaboration with Goethe-Institut, Praha

1996 *Memory Arena,* Ausstellung / Exhibition, Performance (in Zusammenarbeit mit / in cooperation with Fred Pommerehn); Arken Museum of Modern Art, Ishøj // *The Great Archive,* Installation; Ausstellung / Exhibition: *Judenfragen;* Jüdisches Museum der Stadt Wien, Wien

1997 *Who's Who in Central & East Europe 1933,* Multimedia Opera; Festival: Theater Spektakel, Zürich; Festspielhaus Hellerau, Dresden; Theater im Pfalzbau, Ludwigshafen/Rhein // *The Great Archive,* Installation; Ausstellung / Exhibition: *The Artist at the End of the Millenium,* Veletržni Palàc, Praha // *The Great Archive, The Scrolls,* Installationen / Installations; Ausstellung / Exhibition: *IN MEDIAS RES,* Istanbul

1998 *The Memory Project,* Ausstellung / Exhibition, Performance; Felix Meritis Foundation Amsterdam mit Unterstützung der / with support from the Erasmus Foundation Amsterdam und des / and the Hebbel-Theater, Berlin

1999 *From the Archives,* Vier Installationen / Four Installations, Room Environment; Ausstellung / Exhibition: *das xx. jahrhundert, ein jahr hundert kunst in deutschland;* Nationalgalerie Berlin / Hamburger Bahnhof, Museum für Gegenwart, Berlin // *Fernglas,* Performance; Ausstellung / Exhibition: *Anatomisches Theater:* ein Raum-Programm von Inge Mahn; Hörsaalruine und Anatomisch-pathologische Sammlung des Berliner Medizinhistorischen Museums an der Charité, Berlin

2000 *The Wunderblock,* Installation; Galerie Anselm Dreher, Berlin; Kunstmesse Art Forum, Berlin

2001 *The Reading Room,* Ausstellung / Exhibition, Performance; Biennale Bern, in Zusammenarbeit mit / in collaboration with Hochschule für Musik und Theater, Bern // *The Wunderblock,* Installation; Ausstellung / Exhibition: *Symposium Kunst als Wissenschaft, Wissenschaft als Kunst;* Gemäldegalerie, Berlin // *Index,* Installation; Galerie Kai Hilgemann, Berlin // *The ReCollection Mechanism,* Installation; Ausstellung / Exhibition: *Arnold Dreyblatt, Doug and Mike Starn, Ben Katchor;* The Jewish Museum, New York // *Junko Wada Diary,*

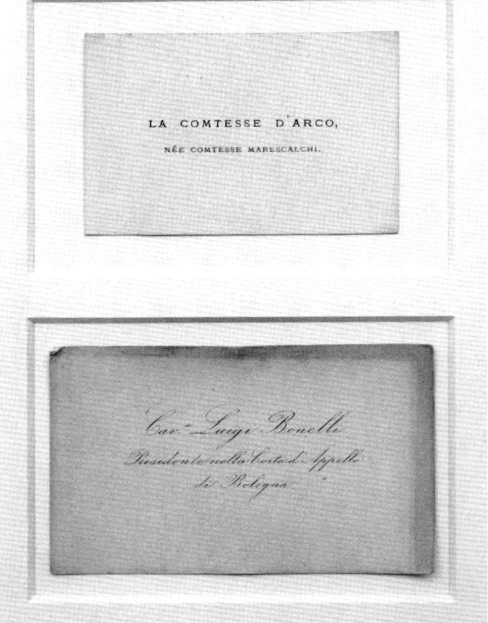

Index, 1998

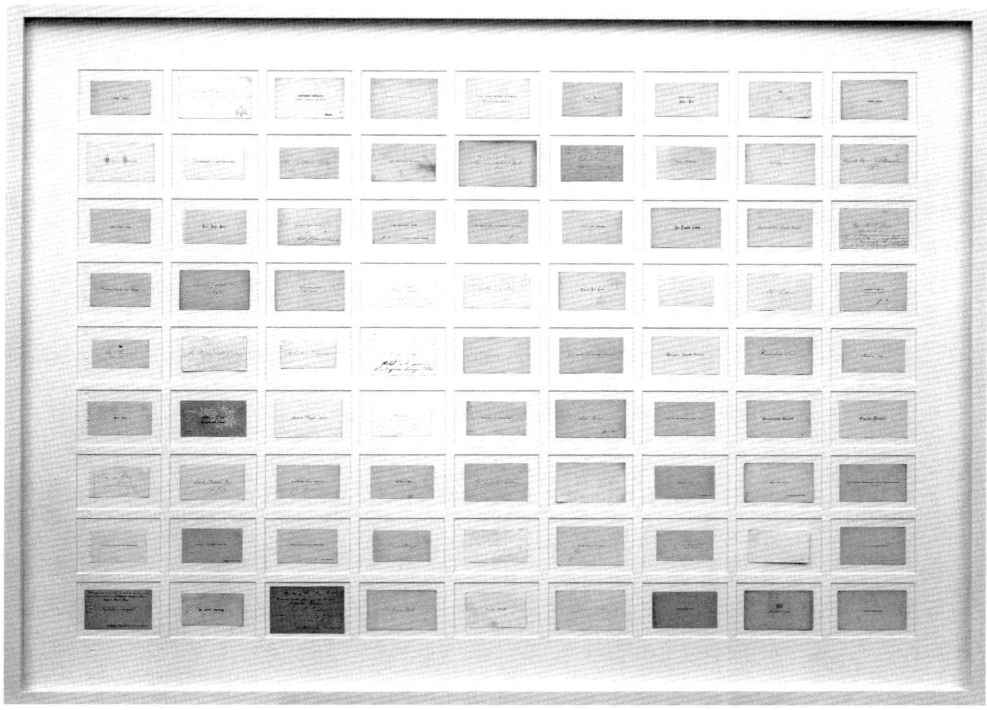

Leseperformance / Reading Performance; Projekt / Project: *Arbeitswoche,* Junko Wada; Gelbe Musik, Berlin

Index, 1998

2002 *Index,* Installation; Galerie Bleibtreu, Berlin // *The Great Archive,* Installation; Galerie Bleibtreu, Berlin // *The Scribes,* Performance, Installation; Wasserspeicher, Berlin // *T-Docs,* Installation; Pozitavska Gallery, Nove Zamky/Slovakia // *Flashbulb Memory,* Installation; Galerie Anselm Dreher, Berlin // *The ReCollection Mechanism,* Installation; Arte in Memoria, Ostia Antica, Roma

2003 *Aus den Archiven.* Einzelausstellung / Solo Exhibition; Stadtgalerie Saarbrücken, Saarbrücken // *Eight Paths,* Einzelausstellung / Solo Exhibition; Galerie Anselm Dreher, Berlin

Tonaufnahmen / Recordings

1982 *Nodal Excitation,* India Navigation Records, New York, LP

1986 *Propellers in Love* und / and *High Life,* Hat Art Records, Basel, CD // *Propellers in Love,* Künstlerhaus Bethanien / Amerika Haus, Berlin, LP with Catalog

1989 *End Correction and Music for String Orchestra,* De Salon, Groningen, Netherlands, Cassette Issue with Catalog

1992 *a haymisch groove,* Extraplatte, Vienna, CD

1995 *Animal Magnetism,* Produced by John Zorn, Zaddik Records, New York, CD

1998 *Nodal Excitation,* (Reissue/Remix by Jim O'Rourke), Dexter's Cigar, Drag City, Chicago, CD // *The Sound of One String – Previously Unreleased Live Recordings 1979–1992,* Table of the Elements, Atlanta, CD

2000 *Escalator on Renegade Heaven,* Bang on a Can All-Stars, Cantaloupe Music, New York, CD

2001 *The Adding Machine,* Cantaloupe Music, New York, CD

Kompositionen / Compositions

1979 Nodal Excitation (Solo); Ebow Blues

1981 March of the Nodes in Formation; Nodal Excitation

1983 The Odd Fellows

1985 Propellers in Love; Odd & Even; Bowing; Pedal Tone Dance; Lucky Strike; Harmonics

1986 Damping Influence; Tom Tom

1987 Fiddle Tones; Pedal Tone; Fast for Strings; Bowing; High Life

1988 Die Luftmenschen; End Correction

1989 Music for Small String Orchestra

1990 Process Nr. 1; Razorburg; Burning the Candle; Doubled Duo; Louisiana Purchase; Say Kaddish; Square Beats; Indian Love Call; Excited Strings

1991 Dirge Relations; Next Slide; Flashbulb History; Group Velocity; Point Rotation; Star Trap; Extempore; Tuba Pump; Dirge Bucharesti; Aftervirus; Basqueland; Who's Who in Central & East Europe 1933 Opera

1992 Cello Bow; String Clips for Solo Guitar; Maximoffs Doina; Luftmenschen in Lahore

1993 Animal Magnetism; Epilogue

1994 Side Band

1995 Escalator

2000 String Trio

2001 International Dateline; The Adding Machine; House of Twang

2002 Music for 32 Strings (Oktett / Octet)

2003 Music for 16 Strings (Quartett / Quartet)

Who's Who in Central & East Europe 1933, Inventionen 1991, Berlin Uraufführung / Premiere Kino Babylon

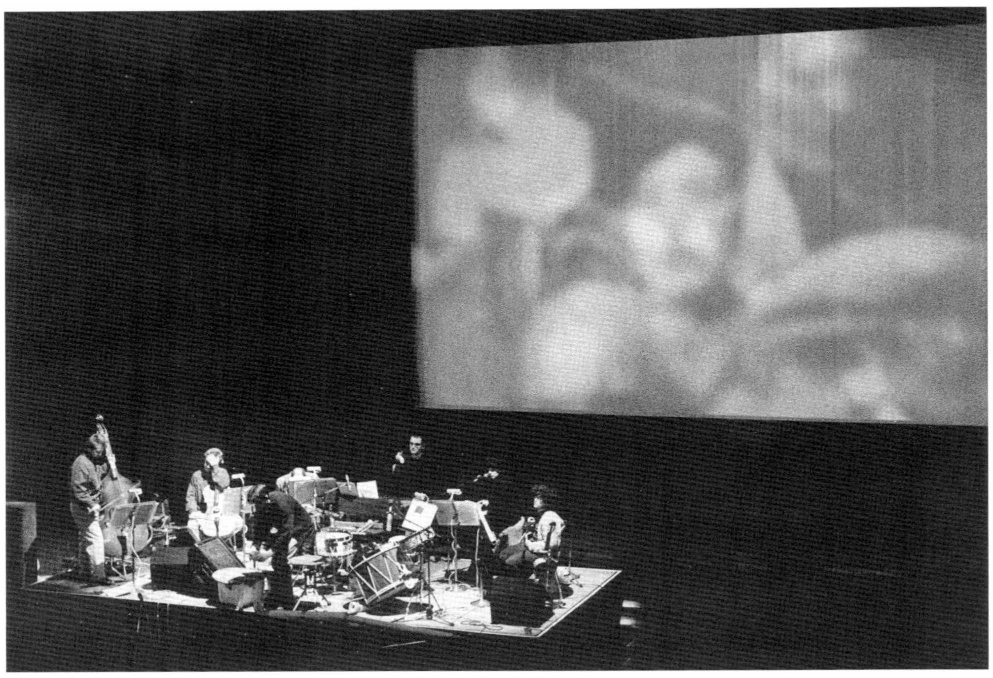

Konzerte / Concerts

1979 Warren Street Performance Festival, New York City

1980 Wesleyan University, Middletown; Artists Present Artists Festival, New York City; Experimental Intermedia Foundation, New York City

1981 Experimental Intermedia Foundation, New York City; Wesleyan University, Middletown; Media Study, Buffalo

1982 Alain Bihaud Gallery, New York City; The Kitchen, New York City; Roulette, New York City; Purple Barge, New York City; New Music America, Washington D.C.; Real Art Ways, Hartford

1983 Beginner Studio, Köln; Freunde Guter Musik, Berlin; Palais des Beaux Arts, Bruxelles; Interference, Bruxelles; Stichting Logos, Gent; Theater Skene, Budapest; Alternative Museum, New York City; Mudd Club, New York City; WBAI Free Music Store, New York City

1984 Cultureel Centrum, Tilberg; Het Apollohuis, Eindhoven; Freunde Guter Musik, Berlin

1985 Künstlerhaus Bethanien, Berlin; Batschkapp, Frankfurt/Main; Shaffy Theater, Amsterdam; Stedelijk Museum, Amsterdam; Het Apollohuis, Eindhoven; Grand Theater, Groningen; Petöfi Csarnok, Budapest; Wiener Festwochen, Wien; Marienburgerstraße Musik Festival, Berlin (Ost)

1986 Westfälischer Kunstverein Münster; Markthalle, Hamburg; NGBK, Berlin; Amerika Haus, Berlin; Freunde Guter Musik, Berlin; Künstlerhaus Bethanien, Berlin; Gasteig, München; Stuttgarter Kunstverein e. V., Stuttgart; Flanders Festival, Hasselt

1987 Ars Electronica, Linz; Hochschule der Künste, Braunschweig; Kunsthalle Basel, Basel; Kunstmuseum Bern, Bern; Petöfi Csarnok, Budapest; Royal Palace, Amsterdam; Theater Skene, Budapest; Kinizsi Club, Budapest; Bartok Academy, Miskolcs; NGBK, Berlin

1988 Stadtgarten, Köln; Gesellschaft für Aktuelle Kunst, Bremen; Film-Fest Braunschweig; De Unie/Goethe-Institut, Rotterdam; Stichting Logos, Gent; Instituut voor Beeldende Kunsten, Hasselt

1989 De Salon, Groningen; Oyvaer Desk, Den Haag; Summer Festival, Liège; Aterforum Festival, Ferrara

1990 A. T. Galerie, Moskwa

1991 Kulturpalast, Dresden; Inventionen 1991, Berlin; Gasteig, München; Wiener Festwochen, Wien; Theater La Mama, New York City

1992 Parochial Kirche, Berlin; Elisabethbühne, Salzburg

1993 Podewil, Berlin; Art Vigil Festival, Moskwa; Theater Festival, Smolensk

1994 Goethe-Institut, Warszawa; Goethe-Institut, Kraków; Festival Berlin Dnes a Tady – Berlin Hier und Jetzt, Praha

1995 Kunstmuseum Wolfsburg, Wolfsburg; Kampnagel Kulturfabrik, Hamburg; Bayerisches Staatsschauspiel / Marstall, München; Podewil, Berlin

1996 Walter Read Theater, Lincoln Center, New York City; Internationaler Ferienkurs Festival Neue Musik, Darmstadt; Settembre Musici, Torino; Arken Museum of Modern Art, Ishøj

1997 Podewil, Berlin; Lounge Ax, Chicago; Istanbul Festival, Istanbul; Theater Spektakel, Zürich; Theater im Pfalzbau, Ludwigshafen/Rhein; Festspielhaus Hellerau, Dresden; Hessischer Rundfunk, Darmstadt; Crocker Art Museum, Sacramento/CA; Stichting Logos, Gent; Resonans Foundation, 's-Hertogenbosch; Stedelijk Museum Amsterdam, Amsterdam

1998 Alice Tully Hall, New York City; Concertgebouw, Amsterdam; Hamburger Bahnhof, Berlin

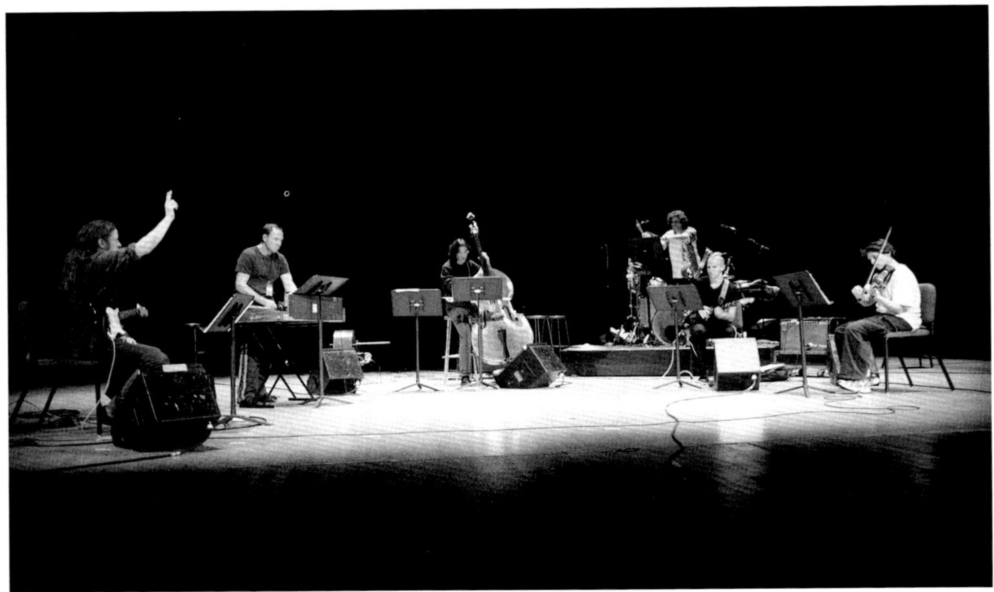

1999 Weltkulturerbe Völklinger Hütte, Völklingen/ Saar; Spring Festival, Praha; Wien Modern Festival, Wien

2000 Ludwigslust Festival Hamburg; Kampnagel Fabrik, Hamburg; Expo 2000, Hannover

2001 Tonic, New York City; Brooklyn Academy of Music, New York City; MIT, Center for the Arts, Kresge Auditorium, Cambridge; UCLA, Los Angeles; Centre Pompidou, Paris; Merkin Concert Hall, New York City; Walker Arts Center, Minneapolis; Modlin Center, Richmond/Virginia

2002 Alte Feuerwache, Saarbrücken, Saarbrücken; Portland Institute of Contemporary Art, Portland; Oregon Lafayette College, Easton; Pennsylvania Dartmouth College, Hanover/New Hampshire; Orpheum Theater, Open Music Festival, Graz

> *The Orchestra of Excited Strings,* 2001
> Brooklyn Academy of Music, New York City
> von links nach rechts / left to right:
> Marc Stewart, Evan Ziporyn, Robert Black,
> Danny Tunick, Laurel P. Smith, Jeff Liebermann

Kompositionen für Tanz und Theater / Compositions for Dance and Theater

1985 *Gegen Abend traf Heinrich Sibylle,* Choreografie / Choreography: Valerie Newport; Theater am Turm, Frankfurt am Main

1986 *Untitled,* Choreografie / Choreography: Regina Baumgarten; Theatermanufaktur, Berlin

2002 *Reverse Psychology,* Choreografie / Choreography: Yoshiko Chuma; School of Hard Knocks, Dublin // *Program 1,* Ensemble: Dance Galaxy; Symphony Space, New York City // *Harkness Dance Project,* Choreografie / Choreography: Will Swanson, Ensemble: Danceworks; Duke Theater, New York City

2003 *Helen,* Regie / Theater directed by: Theodora Skipitares; La Mama, New York City

Veröffentlichungen des Künstlers / Publications by the Artist

1975 Cybernetics: New Personal and Cultural Definition for Process and Design, in: Critique of the Social Sciences, New Paltz 1975

1987 The sound of one string, in: ECHO. The images of sound, Eindhoven 1987; Paul Panhuysen, in: ECHO. The images of sound, Eindhoven 1987

1989 Einleitung zu Ausstellungskatalog / Introduction to exhibition catalog: Sándor Kárdos, Budapest-Horus Archives, Eindhoven 1989

1991 Who's Who in Central & East Europe 1933, in: Inventionen 1991, Musik im Februar, Berlin 1991

1993 Do-It-Yourself Downtown, in: USArts, Amerikanische Kunst im 20. Jahrhundert, Berlin 1993

1994 Frauen aus dem Who's Who in Central and East Europe 1933, in: Ein Text für C.W., Berlin 1994

1995 The Spaces of Memory, in: kursiv 2–4, Linz 1995; Who's Who in Central & East Europe 1933. Eine Reise in den Text, Berlin 1995

1996 Who's Who in Central & East Europe 1933 and Memory Arena. Internet Website Universität Lüneburg

1997 Hypertext and Memory in Performance and Installation, in: The communication Review 2 (1), San Diego 1997; Hypertext und Erinnerung als Performance und Installation, in: Martin Warnke, Wolfgang Coy, Georg Christoph Tholen (ed.), Hyperkult. Geschichte, Theorie und Kontext digitaler Medien, Basel/Frankfurt am Main 1997; The Memory Work, in: Performance Research 2 (3), Cardiff 1997

2000 Inscription. A proposal for the Jewish Museum Berlin, Berlin 2000

2001 Steina and Woody Vasulka, in: Norsk Kortfilmfestivalen, Oslo 2001

2002 Questionnaire 2, in: Performance Research. On Archives and Archiving, 7 (4), Devon 2002; The Text Writes Itself, in: Performance Research 7 (2), Devon 2002; The Arnold Dreyblatt Archive, in: interarchive. Archivarische Praktiken und Handlungsräume im zeitgenössischen Kunstfeld, Köln 2002

Ausstellungskataloge / Exhibition Catalogs

1987 Berlin-New York. Arnold Dreyblatt/Penelope Wehrli. Vereisung, NGBK, Berlin; Collaborative Projects, New York 1987 // Stadtansichten. Berlin/New York Exchange, NGBK, Berlin 1987 // Echo. The images of sound, Het Apollohuis, Eindhoven 1987

1997 IN MEDIAS RES. Fotografie und andere Medienkunst aus Berlin, Berlin 1997

1999 In the Event of Text, London 1999 // das xx. jahrhundert. ein jahr hundert kunst in deutschland, Nationalgalerie Berlin / Hamburger Bahnhof, Museum für Gegenwart, Berlin 1999 // Judenfragen. Jüdische Positionen von Assimilation bis Zionismus, Jüdisches Museum der Stadt Wien, Wien 1997

2000 Vor mehr als einem halben Jahrhundert. Positionen zeitgenössischer Kunst zur Erinnerung, Landesgalerie, Oberösterreichischen Landesmuseum, Linz 2000 // Anatomisches Theater: ein Raum-Programm von Inge Mahn, Charité Berlin, Berlin 2000

2001 Hudobné simulakrá, Jozef Cseres (Hg./ed.), Bratislava 2001

2002 KunstRaumStrasse 1991–2001, Galerie o zwei, Berlin 2002 // Arte I Memoria, Roma 2002

Ausgewählte Beiträge / Selected Articles

Abrams, Carol K.: Three New Exhibits at Jewish Museum in New York, in: Jewish News Cleveland, 07.12.2001

Adler, Sabine: Was bleibt von uns übrig?, in: Die Tageszeitung, 04.09.1995

Albers, Volker: Memory Arena – Ein Lese-Projekt auf Kampnagel, in: Hamburger Abendblatt, 18.02.1995

Alvoni, Mauro: Concerto o fabbrica di allucinazioni?, in: La Nuova Ferrara, 09.07.1989

Augustin, Sonja: Erinnerungsfetzen aus ferner Zeit in Zürich. Theater Spektakel mit »Who's Who – An Opera for Central & East Europe«, in: Aargauer Zeitung, 23.08.1997

Baier, Peter: Grenzgang. Kunstpreis vergeben, in: Münchner Merkur, 06.02.1992

Baumgartner, Ursula: Die Entstehung der Welt aus alten Bildern und neuer Musik, in: Berner Tagwacht, 30.08.1997

Becker, Michael: Wer ist wer?, in: Hannoversche Allgemeine Zeitung, 05.04.1995

Blumenau, Martin: Ein Requiem für Ost-Europa, in: Observer, 28.02.1991

Blumenau, Martin: Exzentrik und fiktive Folklore, in: Oberösterreichisches Tageblatt Linz, 01.03.1991

Bosshard, Fredi: Biennale Bern: Jüdische Musik? Fremdbilder-Eigenbilder. Die musikalische Erinnerung von Geschichte, in: Die Wochenzeitung, 11.10.2001

Bowden, Tom: The Adding Machine by Arnold Dreyblatt and the Orchestra of Excited Strings, in: The Education Digest, 67 (9), May 2002

Brehm, Denise: Dreyblatt is instrumental in making music, in: MIT Tech Talk, 24.01.2001

Brenken, Anna: Memory Arena. Eine Reise in das Archiv, in: Kunst & Kultur, 2/1995

Briegleb, Till: Gedächtnistheater in Gold, in: Die Tageszeitung, 16.02.1995

Burghardt, Katja: Who's Who?, in: Szene Hamburg, 2/1995

Busti, Massimiliano: Arnold Dreyblatt. Nodal Excitation, in: Blow-Up (Italy), 7 (8), 1998

Clewing, Ulrich: Saiteneinsteiger. Bildender Tonkünstler Arnold Dreyblatt, in: Zitty, 18, 1994

Cohn, Elon: 1.000 aktører I Arken, in: Berlingske Tidende, 29.11.1996

Cox, Christoph: Arnold Dreyblatt. Single String, in: The Wire, August 1998

Diel, Alexander: Ambition und Geschichte, in: Die Tageszeitung, 09.11.2000

Doruzka, Petr: Multimedialni expedice na vychod, in: Lidové Noviny, 11.06.1994

Duguid, Brian: Arnold Dreyblatt, in: The Wire, June 1998

Erne, Roland: Zappen von A bis Z und zurück, in: Solothurner Nachrichten, 23.08.1997

Fässler, Günther: Gedächtnis fürs Vergessen, in: St. Galler Tagblatt, 23.08.1997

Fässler, Günther: Alles vergeht, Madame Thérese bleibt, in: Die Südostschweiz. Bündner Zeitung, 23.08.1997

Fechner-Smarsly, Thomas: Zeitklang, Archivraum. Über die Gedächtnisarbeit des Künstlers Arnold Dreyblatt, in: neue bildende kunst, 3 (5), Berlin 1993

Fechner-Smarsly, Thomas: Gedächtnis einer Epoche. »Memory Arena«: Erinnerungsabend auf Kampnagel, in: Frankfurter Rundschau, 24.02.1995

Fechner-Smarsly, Thomas: Marginalien zu Arnold Dreyblatts »The Wunderblock«, in: Symposium. Kunst als Wissenschaft, Wissenschaft als Kunst, Berlin 2001

Finane, Ben: Arnold Dreyblatt and the Orchestra of Excited Strings, in: Time Out New York, 09.05.2002

Fjelstrup, Libbie: Fortiden lever, in: Politiken, 26.11.1996

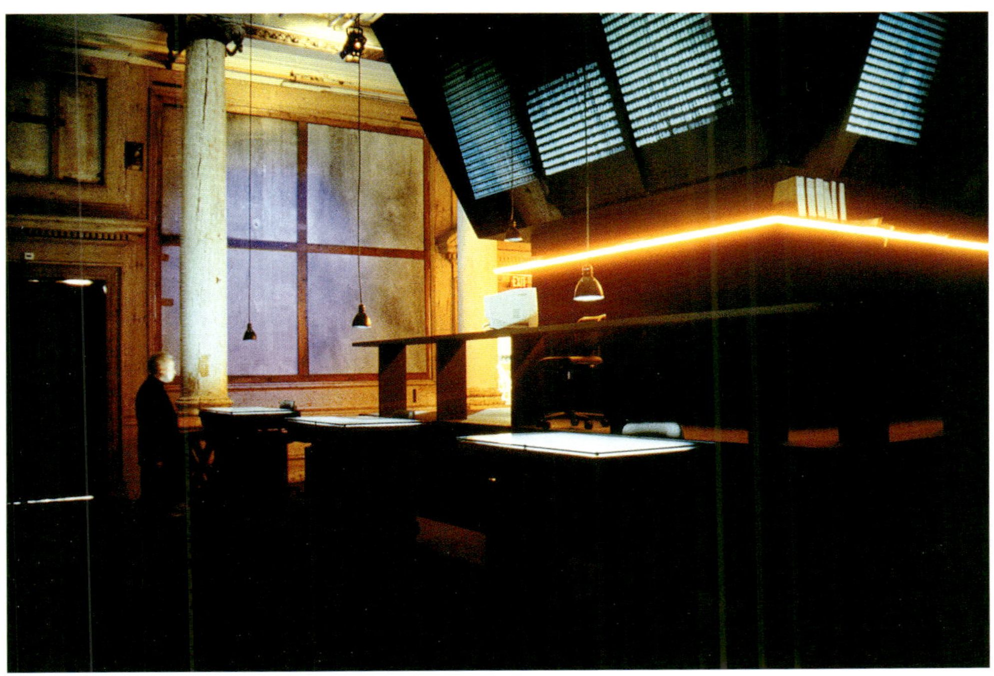

The Memory Project, 1998
Felix Meritis Foundation, Amsterdam

Fricke, Harald: Was auch immer dann passiert. Kunst in Berlin jetzt: Fluxus, John Cage, Arnold Dreyblatt, in: Die Tageszeitung, 29.05.1993

Gabler, Thomas: Reise durch 10.000 Leben, in: Kronenzeitung, 03.03.1991

Gann, Kyle: Yearning for Ismism, in: Village Voice, 04.08.1987

Gardner, Belinda: Expansion des Archivs Erinnerung, in: Hamburger Rundschau, 09.02.1995

Gertich, Frank: Who's Who in Central & East Europe 1933, in: Die Tageszeitung, 12.02.1991

Goldsmith, Kenneth: The Adding Machine, in: New York Press, 15 (6) 2002

Gompes, Loes: Arnold Dreyblatts geheugenproject, in: NIW, 06.11.1998

Graf, Sabine: Ein Goldsucher im Archiv. Arnold Dreyblatts Speicher-Arbeit, in: Saarbrücker Zeitung, 04.03.2003

Haertel, Caroline: Die Erinnerungsmaschine, in: Bergedorfer Zeitung, 18.02.1995

Hebbelinck, André: Maak zelf uw gitaar, in: Knack, 02.03.1988

Heintges, Valeria: Vergessene Stimmen der Vergangenheit, in: Sächsische Zeitung, 28.08.1997

Heitfeld, Birgit: Kunstprojekt »Memory Arena« auf Kampnagel, in: Kieler Nachrichten, 14.01.1995

Hentz, Stefan: Das klingt aber seltsam, das swingt aber schön, in: Die Welt, 09.11.2000

Herruer, Paul: Loodzware luchtmenschen, in: Nieuwsblad van het Noorden, 01.06.1989

Herruer, Paul: Anders gestemd: hoe meer tonen, hoe minder muziek, in: Nieuwsblad van het Noorden, 06.06.1989

Hornegger, Milli: Die Kunst der Szene, in: Kronenzeitung, 02.07.1988

Hurtzig, Hanna: Ein Gespräch mit Arnold Dreyblatt. Die Hypertext-Bibel, in: Theaterschrift, 8, Brüssel 1994

Jagt, Marijn van der: Geheugenproject is niet onschuldig, in: De Volkskrant, 12.11.1998

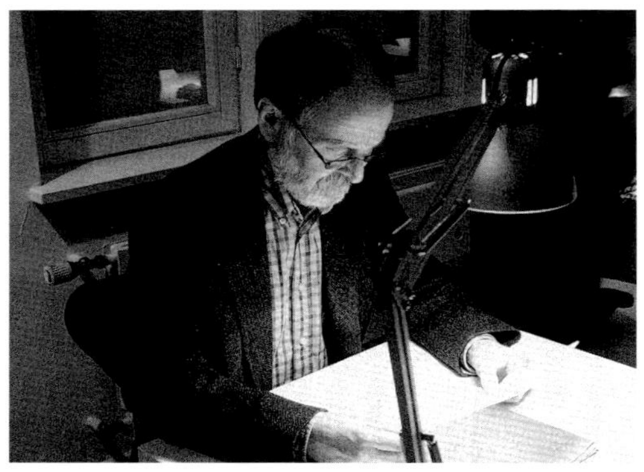

From the Archives, 2003
Stadtgalerie Saarbrücken
Leseperformance / Reading Performance

Jalving, Camilla: Mumlende spor af skaebner. »Memory Arena på Arken«, in: Kristeligt Dagblad, 30.11.1996

Karnacewicz, Simon: American pobaveny nasimi koreny, in: Respekt, 10.06.1994

Karweik, Hans-Adelbert: Who's Who in Central & East Europe 1933 – Menschliche Schicksale einer untergegangenen Welt, in: Wolfsburger Nachrichten, 31.03.1995

Khazam, Rahma: Multimedia, in: The Wire, November 1999

Kjaersgaard, Camilla: Stemmer I forvirring, in: Berlingske Tidende, 30.11.1996

Klaic, Dragan: A week in the Memory Arena, in: Theater. Yale School of Drama, 27, (2 & 3), New Haven 1997

Körner, Andreas: Dreyblatts Performance, in: Dresdner Neueste Nachrichten, 25.03.1991

Kozinn, Allan: There is an Audience for New Music, in: The New York Times, 03.06.1991

Kozinn, Allan: Serendipity for a Freewheeling Group, in: The New York Times, 22.06.2001

Kraft, Martin: Eine zerstörte Welt im multimedialen Widerschein, in: Der Landbote, 23.08.1997

Kramar, Thomas: Secession: Arnold Dreyblatt eröffnete »Töne und Gegentöne«. Schicksalssymphonie zerstörter Illusionen, in: Kurier, 03.03.1991

Krüger, Andreas: Pattern Recognition – Strukturen des Erinnerns mit Mr. Dreyblatt, in: DE BUG, 37, 7/2000

Krüger, Andreas: Arnold Dreyblatt & The Orchestra of Excited Strings – The Adding Machine, in: DE BUG, 56, 2/2002

Kurzmann, Christof: Musikalische Spurensuche, in: Volksstimme Wien, 10.03.1991

La Barbara, Joan: Concerts by Composers illuminates Downtown School. High Fidelity, in: Musical America Edition, May 1982

Lang, Guy: Eine Oper aus Bildern und Biographien, in: Blick, 23.08.1997

Licht, Alan: Excavation of the Minimalists, in: Pulse!, April 1999

Lienert, Konrad Rudolf: Immer wieder geht der Griff ins Leere, in: Züricher Tages-Anzeiger, 22.08.1997

Lorenz, Gabriella: Ein Archivsaal für Voyeure, in: Abendzeitung, 07./08.10.1995

McGonigal, Mike: Nodal Excitation. Arnold Dreyblatt, in: New York Press, 15.04.1998

Meyer, Bill: Directions Minimalism, in: Magnet, 33 (3/4), 1998

Miller, Lucy: Holiday snaps, in: Jewish Chronicle London, 10.08.2001

Nolte, Michaela: Die andere Seite des Lichts. Erleuchtendes in der Galerie Anselm Dreher, in: Der Tagesspiegel, 13.04.2002

Njoe, Door Clyde Lo An: Arnold Dreyblatt. Merkwaardig gevoel voor drama, in: Eindhovens Dagblad, 12.03.1985

Oehlschlägel, Reinhard: Experimentelle Musik in Frankfurt, in: MusikTexte. Zeitschrift für Neue Musik, 09.04.1985

Palmer, Robert: Modern Twists On the Ancient Drone, in: The New York Times, 08.08.1982

Pareles, Jon: New Music: Dreyblatt and Chatham, in: The New York Times, 26.10.1983

Paul, Christiane: Archived Memory, I. A. speaks with Arnold Dreyblatt, in: Intelligent Agent 1 (11), New York 1997

Peer, René van: Arnold Dreyblatt, in: Experimental Musical Instruments, March 1996

Pellin, Elio: The Reading Room von Arnold Dreyblatt, in: Berner Zeitung, 16.10.2001

Penas, Jiri: Dreyblattuv seznam z jiné Evropy, in: Dnes, 20.06.1994

Philipp Morris Kunstförderung (Hg./ed.): Grenzgänge 1989–1996, München 1996

Plesner, Eva: Historiens vingesus på Arken, in: Jyllandsposten, 28.11.1996

Pollmann, Ulrike: Wo Daten zu Musik werden, in: Hannoversche Allgemeine Zeitung, 31.03.1995

Quell, Michael: Reise ins Archiv, in: Die Tageszeitung, 16.01.1995

Raubold, Susanne: Dreyblatt's Digest, in: TIP, 13.02.1991

Rauch, Dieter F.: Who is Who als Musikshow, in: Dresdner Morgenpost, 25.03.1991

Reitz, Sandra: Biographische Splitter der Vernichteten, in: Stader Tageblatt, 18.02.1995

Roberts, Tom: Eastern Excitation, in: Dusted Magazine, 2002

Schäfer, Andreas: Am Ende des Astes. Über Arnold Dreyblatt und seine einfach komplizierte Kunst der Erinnerung, in: Berliner Zeitung, 21./22.11.1998

Schätzl, Andreas: Arnold Dreyblatt and The Orchestra of Excited Strings, in: Sound Check, August 1986

Schibli, Sigfried: Der Computer, dieser gnadenlose Gleichmacher, in: Basler Zeitung, 23.08.1997

Schleuning, Johannes: Multimedialer Kitt für die Gedächtnislücke. »Aus den Archiven«, in: Saarbrücker Zeitung, 08./09.03.2003

From the Archives, 2003, Stadtgalerie Saarbrücken
Leseperformance / Reading Performance

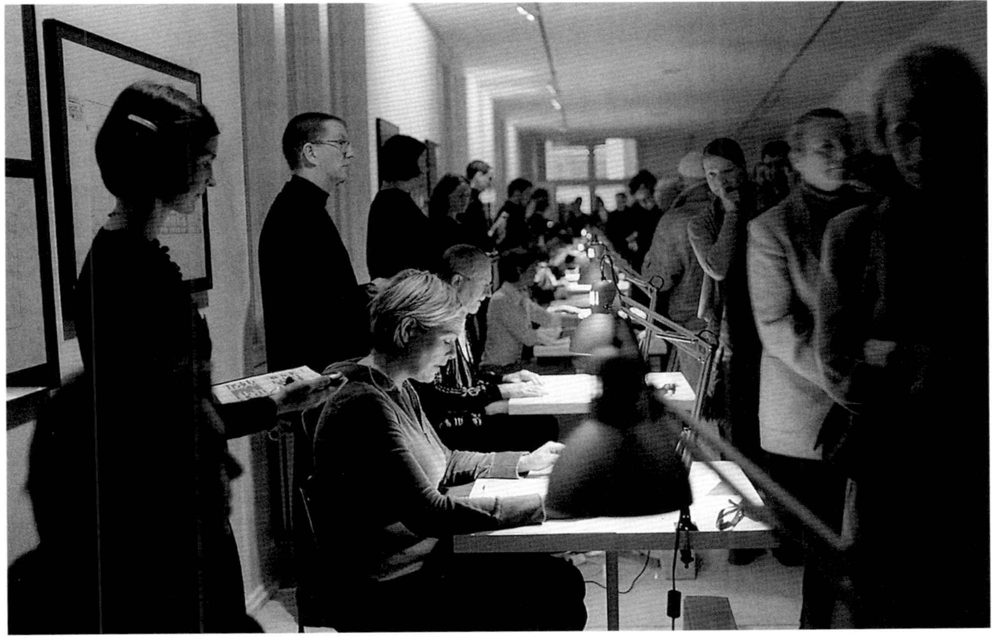

Schmid, Wilhelm: Denken, das Funken sprüht. Philosophen und Künstler erkunden in Linz das Spektrum der neuen Technologien, in: Süddeutsche Zeitung, 20.09.1988

Schröder, Olav: Uraufführung in einer Landschaft mit Skulpturen, in: Märkische Oderzeitung, 08./09.04.1993

Schwartz, Gary: Form follows dysfunction 59: The multimedia mother of the muses, in: The Financial Times, 22.08.1998

Scibilia, Giovanni: Il Linguaggio, in: Vogue Italia, 611, 2001

Siedenberg, Sven: Lebendiges Archiv. »Memory Arena«, in: Süddeutsche Zeitung, 07./08.10.1995

Stammen, Silvia: Mythos und Memory, in: Theater Heute,12, 1995

Steinberger, Karin: Die Wiederbelebung einer untergegangenen Kultur, in: Süddeutsche Zeitung, 02./03.10.1995

Suzuki, Dean: Propellers in Love. Arnold Dreyblatt & The Orchestra of Excited Strings, in: Option. Music Alternatives, I/II, 1987

Tavolodo, Marton Laszlo: Kortars nosztalgia. Klezmer a Lower East Side-on, in: Kultura Magyar Narancs, 06.05.1993

Thielebein, Marion: light & shadows…, in: Kunstforum International,160, Juni–Juli 2002

Thielebein, Marion: Das Licht und seine Schatten: Fünf Künstler bei Anselm Dreher, in: FAZ, 06.04.2002

Thielebein, Marion: Aus Freuds Wunderblock, in: FAZ, 15.07.2000

Tiedemann, Kathrin: Reise in das Archiv eines untergegangenen Europas, in: Freitag, 13.12.1996

Tillmann, J. A.: Who's Who in Central & East Europe 1933, in: Der Neue Pester Lloyd, 23.11.1994

Tosic, Ljubisa: Klang-Suche nach der verlorenen Zeit, in: Standard, 04.03.1991

Tresch, Christine: Arnold Dreyblatts »Who's Who – An Opera for Central and East Europe«, in: Die Wochenzeitung, 15.08.1997

Uusitorppa, Hari: Arnold Dreyblatt. Propellers in Love, in: Helsingin Sanomat, 12.03.1989

Voigtländer, Kai: Memory Arena – eine Reise in das Archiv, in: Die Tageszeitung, 16.02.1995

Wagenhofer, Philipp: Zum Abschluß die Explosion, in: Neues Volksblatt, 15.09.1988

Wagner, Christoph: Der amerikanische Minimalist Arnold Dreyblatt, in: Jazzthetik, 06/2002

Wagner, Christoph: Drahtseilakt. Arnold Dreyblatt & The Orchestra of Excited Strings, in: Die Tageszeitung, 22.04.2002

Wagner, Christoph: Balanceakt auf einer Saite, in: Die Wochenzeitung, 28.03.2002

Wagner, Christoph: Die Neuerfindung der Musik: Der Minimal-Komponist Arnold Dreyblatt, in: Kommune, 2/2001

Wesemann, Arnd: »Pärchensuche«. Das Theater auf der Suche nach Gedächtnis und Geschichte, in: Foglio, 6, Köln 1995/1996

Yablonsky, Linda: Transformer. Three shows at the Jewish Museum take on deeper meaning today, in: Time Out New York, 314, October 4./11.10.2001

Zevi, Adachiara: Arnold Dreyblatt: l'architettura della memoria, in: L'architettura, 564, 2002

DVD Inhalt / DVD Contents

Installationen / Installations

1. *The Great Archive,* 1993, Stadtgalerie Saarbrücken, Saarbrücken

2. *The ReCollection Mechanism,* 1998, Hamburger Bahnhof, Berlin; Stadtgalerie Saarbrücken, Saarbrücken

3. *Artificial Memory,* 1999, Hamburger Bahnhof, Berlin; Stadtgalerie Saarbrücken, Saarbrücken

4. *T-Mail,* 1999, Hamburger Bahnhof, Berlin; Stadtgalerie Saarbrücken, Saarbrücken

5. *T-Docs,* 1993, Stadtgalerie Saarbrücken, Saarbrücken

6. *The Wunderblock.* 2000, Galerie Anselm Dreher, Berlin; Stadtgalerie Saarbrücken, Saarbrücken

Performances / Performance Works

1. *Memory Arena,* 1995, Bayerisches Staatsschauspiel/Marstall, München

2. *The Memory Project,* 1998, Felix Meritis Foundation, Amsterdam

3. *The Reading Room,* 2001, Biennale Bern

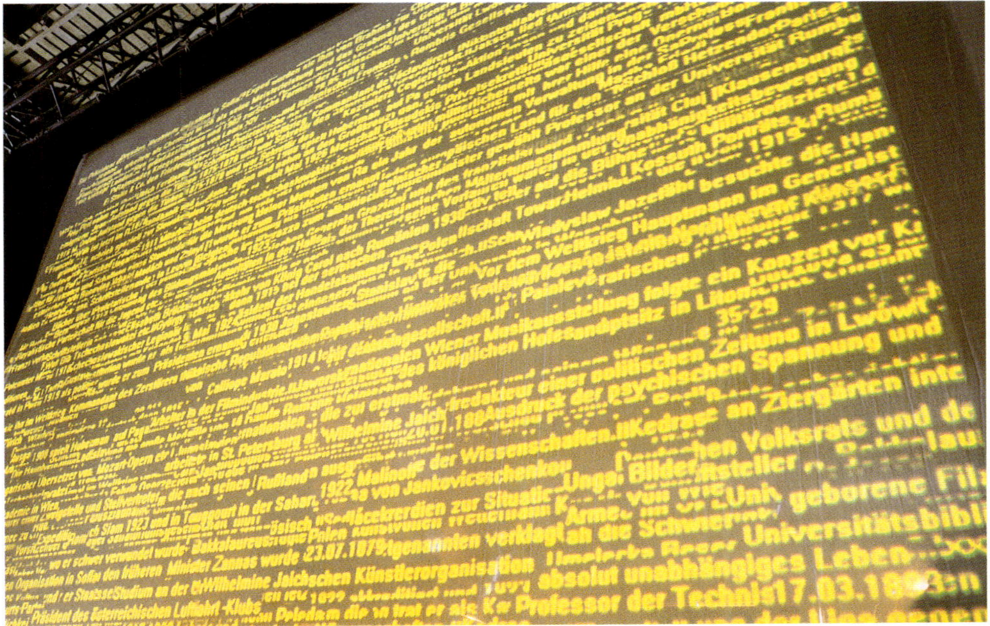

Data Wall, 1995, Marstall, München

Autoren / Authors

Claudia Banz Dr. phil., Studium der Kunstgeschichte, Romanistik und Archäologie in Heidelberg und Berlin. Nach Magister Artium und Promotion von 1997 – 1999 Volontariat an den Staatlichen Museen zu Berlin. Seit 1999 Kuratorin und Projektleiterin internationaler Ausstellungsprojekte zur zeitgenössischen Kunst. Veröffentlichungen zur Kunst des 16. und 17. sowie zu Kunst, Architektur und Design des 20. und 21. Jahrhunderts. / Dr. phil., studied art history, Romance languages and culture, and archeology in Heidelberg and Berlin. After receiving her Masters of Arts and doctorate, she worked as a practical trainee from 1997 to 1999 with Berlin's state museums. Since 1999, she has been a curator and project director of international contemporary art exhibitions. She has published on the art of the 16th and 17th centuries and on the art, architecture, and design of the 20th and 21st centuries.

Thomas Fechner-Smarsly Geboren 1957. Dr. phil., Studium der Literaturwissenschaft und Kunstgeschichte in Bonn, Oslo und Münster. Hochschullehrer an der Universität Bonn, Kunst- und Literaturkritiker für die Frankfurter Rundschau. Buchpublikationen zu Knut Hamsun, August Strindberg und Mieke Bal. / Born in 1957. Dr. phil., studied literature and art history in Bonn, Oslo and Münster. He is an art and literary critic for the newspaper the Frankfurter Rundschau. He has published books on Knut Hamsun, August Strindberg, and Mieke Bal.

Ernest W. Uthemann 1953 in Essen geboren. Studium der Kunstgeschichte, Germanistik, Komparatistik und Philosophie in Münster, Osnabrück und Braunschweig. Wissenschaftlicher Mitarbeiter am Sprengel Museum Hannover, am Westfälischen Landesmuseum Münster und am Saarland Museum Saarbrücken. Seit Januar 2003 Direktor der Stadtgalerie Saarbrücken. / Born 1953 in Essen. Studied art history, German language and literature, comparative literature and philosophy in Münster, Osnabrück and Braunschweig. Academic employee at Sprengel Museum Hannover, Westfälisches Landesmuseum Münster and Saarland Museum Saarbrücken. Since January 2003 Director of the Stadtgalerie Saarbrücken.

Jeffrey Wallen Professor für Vergleichende Literaturwissenschaften am Hampshire College, Amherst/Massachusetts, und jüngst Gastprofessor an der Université Toulouse. Er ist Autor des Buches *Closed Encounters: Literary Politics and Public Culture* (1998) und hat vielfach sowohl über europäische Literatur des 19. Jahrhunderts als auch über gegenwärtige Konflikte und Debatten an der Universität publiziert. Zur Zeit arbeitet er an einem Buch über Literatur und Kultur des späten 19. Jahrhunderts. / Professor of comparative literature at Hampshire College, Amherst/Massachusetts, and he was recently visiting professor at the Université Toulouse. He is author of *Closed Encounters: Literary Politics and Public Culture* (1998), and has published widely on nineteenth-century European literature as well as on current conflicts and debates in the university. He is currently completing a book on late-nineteenth-century literature and culture.

Dank für Zusammenarbeit bei Projekten / Acknowledgements for Project Collaboration

Etta von Cramer, Berlin: Who's Who in Central & East Europe 1933

Tony Cots, København: Memory Arena

Galerie Anselm Dreher, Berlin: The Wunderblock, Flashbulb Memory

Jan Faktor, Berlin: Who's Who in Central & East Europe 1933, Star Trap, Fernglas

Péter Forgacs, Private Film Archive, Budapest: Who's Who in Central & East Europe 1933

Hannah Hurtzig, Berlin: Memory Arena

Heiko Idensen, Hannover: Who's Who in Central & East Europe 1933

Sándor Kardos, Horus Archive, Budapest: Who's Who in Central & East Europe 1933

Tom Korr, Berlin: The ReCollection Mechanism, T-Mail

Alexandr Krestovskij, Praha: The Wunderblock, The Reading Room, Memory Arena

Hans Peter Kuhn, Berlin: Who's Who in Central & East Europe 1933

Ellinor Landmann, Bern: The Reading Room

Dirk Lebahn, Berlin: Who's Who in Central & East Europe 1933, The Great Archive, Artificial Memory, Recovery Rotation

Andreas Marckscheffel, Kybernetische Mechanismen, Berlin: Recovery Rotation

Jost Muxfeldt, Berlin: Memory Arena

Fred Pommerehn, Berlin: Who's Who in Central & East Europe 1933, Memory Arena

Atelier Luca Ruzza, Roma: The Memory Project, The ReCollection Mechanism, T-Mail, The Reading Room

    Gabriele Mantovani Banella: T-Mail

    Laura Colombo: The ReCollection Mechanism

    Francesco Romano: The ReCollection Mechanism

Martin Warnke, Carmen Wedemeyer, Universität Lüneburg: Memory Arena, Who's Who in Central & East Europe 1933

and David Blair, Rène Block, Eugen Blume, Petra Schmidt-Dreyblatt, Terry Fox, Peter Gente, Volke Hanfeld, Wolfgang Krause, Olf Kreisel, Frank Kunkel, Christina Kubisch, Monika Lileike, Inge Mahn, Christoph Metzger, Shinobu Nomura, Heidi Paris, Berthold Schmitt, Bernd Schulz, Peter-Klaus Schuster, Keiko Sei, Ernest W. Uthemann, The Vasulkas, Irving J. Weiss

Dieses Katalogbuch erscheint anlässlich der Ausstellung / This catalog is published on the occasion of the exhibition **Arnold Dreyblatt. Aus den Archiven – Multimediale Installationen 1991 bis 2003**
07.03.–21.04.2003 in der / at the Stadtgalerie Saarbrücken
in Kooperation mit der / in cooperation with the Hochschule der Bildenden Künste Saar

Herausgeber / Editor: Ernest W. Uthemann

Konzeption / Concept: Bernd Schulz, Ernest W. Uthemann

Ausstellung / Exhibition: Arnold Dreyblatt, Berthold Schmitt, Ernest W. Uthemann

Ausstellungssekretariat und Organisation / Exhibition Office and Organization: Astrid Pasterkamp, Lydia Tebroke-Klammt

Ausstellungstechnik / Technical Staff: Willi Wagner, Werner Werle

Redaktionelle Mitarbeit / Editorial Staff: Berthold Schmitt, Antonia Seiler, Lydia Tebroke-Klammt

Texte / Texts: Claudia Banz, Arnold Dreyblatt, Thomas Fechner-Smarsly, Ernest W. Uthemann, Jeffrey Wallen

Lektorat / Proofreading: Anja-Maria Roth

Übersetzungen / Translations: Mitch Cohen, Berthold Schmitt, Nikolaus G. Schneider, Ernest W. Uthemann

Fotos / Photos: Binger, Dietmar: S. 122; Bleicker, Dirk: S. 62, 80/81, 84↓, 85, 92, 102, 106; Dreyblatt, Arnold: S. 10 (Foto / Photo: Sándor Kardos, Horus Archive, Budapest; Verlag / Publisher: Gerhard Wolf Janus Press), 13, 22, 26, 38↑, 52, 58, 60, 67 (Zeichnung), 70, 74, 84↑, 89, 93, 96, 108, 109, 113↑, 118; Gastinger, Mario: S. 86/87, 90/91, 94/95, 101, 125; Gundelwein, Tom: S. 32/33, 34, 35, 36/37, 38/39, 41, 42/43↑, 45, 46/47, 49, 51, 55, 123; Kremser, Waldemar: S. 18; Oteri, Giacomo: S. 50, 104, 110, 113↓; Reusser, Benjamin: S. 56; Rusz, Jan: S. 21, 88, 97, 105, 107, 112; Ruzza, Luca: S. 65, 71, 77, 121; Van Dantzig, Bob: S. 82, 83; Wermann, Jochen: S. 14, 59, 61, 116; Zellien, Werner: S. 23, 42/43↓, 53, 114, 115

Gestaltung und Herstellung / Design and Production: Kehrer Design Heidelberg (Christina Dinkel)

© 2003 Kehrer Verlag Heidelberg; Stadtgalerie Saarbrücken, Stiftung Saarländischer Kulturbesitz; Künstler, Autoren und Fotografen / Artist, Authors, and Photographers
© 2003 VG Bild-Kunst, Bonn

Umschlagabbildung / Cover Illustration: The Wunderblock, 2000

Bibliografische Information Der Deutschen Bibliothek
Die Deutsche Bibliothek verzeichnet diese Publikation in der Deutschen Nationalbibliografie; detaillierte bibliografische Daten sind im Internet über http://dnb.ddb.de abrufbar.

ISBN 3-933 257-31-X

Kehrer Verlag Heidelberg